KB216453

기독교를 조명합니다

최명걸 지음

JOHN'S BOOK

초판 인쇄 : 2015년 3월 6일
초판 발행 : 2015년 3월 6일
지은이 / 최명걸
펴낸곳 / 존스북
주소 / 경기도 부천시 소사구 송내2동 587-3
연락처 / 전화 : 070-7844-5030
　　　　　팩스 : 032-668-2033
　　　　　이메일 : johnsbook@kicschool.com
등록 : ISBN 978-89-92823-64-7

값 12,000원

목 차

2강 기독교의 사상

3강 기독교의 역사

4강 기독교의 종교생활

5강 한국기독교의 이해

들어가는 글

사람이 사람을 소개한다는 것이 참 어렵습니다. 소개를 잘못해서 낭패를 당하는 경우도 있고, 소개를 잘해줘서 서로에게 보람이 되는 경우도 있습니다. 소개를 하기 위해서는 자신이 먼저 소개하려는 사람에 대해 잘 알고 있어야 합니다. 그런데 막상 잘 안다고 생각한 사람에 대해 객관적인 정보를 말하려고 하면 실상은 제대로 잘 알지도 못하고 있었던 사실을 발견하면서 스스로 놀랄 때가 있습니다.

오랜 세월을 같이 산 사람도 막상 그 사람이 무슨 색깔을 좋아하는지, 가장 행복했던 일은 무엇이며 가장 가슴 아팠던 일은 무엇인지, 가장 싫어하는 일과 가장 좋아하는 일은 무엇인지도 모르면서 단지 오래 같이 살아왔다는 그 사실 하나만으로 그 사람에 대해 잘 알고 있다고 생각하는 경향이 있습니다.

자신이 신앙하고 있는 기독교에 대해서도 마찬가지입니다. 오랜 세월 교회를 다니고 신앙생활을 했다고 기독교에 대해 잘 아는 것은 결코 아닙니다. 잘 안다고 생각하고 있는 것입니다. 그래서 누군가가 막상 기독교에 대해 물어보면 선뜻 대답이 나오지 않아 머쓱해 질 때가 있습니다. 우리 일상과 교회생활에서 알긴 아는데, 모르는 것은 아닌데 그렇다고 명쾌하고 확실하게 대답할 수 없는 상황들이 종종 있습니다.

우리는 살면서 최소한 이 정도는 알아야 어디 가서도 대화에 끼어들 수 있는 경우가 있습니다. 그래야 대화가 됩니다. 그러기 위해서는 미리 공부를 하고 준비를 해야만 합니다. 기독교에 대해서 잘 몰라도 신앙생활에는 지장이 없습니다. 구원받는데도 문제없습니다. 그러나 기독교에 대해 대화하기 위해서는 이 정도는 알아야 할 것들이 있습니다. 누군가에게 소개하기 위해서는 기본적으로 알고 있어야 할 것들이 있습니다.

이 책은 이런 분들을 위해 쓴 글입니다. 기독교인이라면 이 정도는 꼭 알아야 할 것들을 저자 나름대로 모아서 기독교에 대해 소개한 글입니다. 따라서 기독교 소개서요, 기독교 이해를 돕기 위한 안내서라고도 할 것입니다.

이 글은 먼저는, 기독교의 발생과 성장과정에 대해 소개하고 있습니다. 기독교 발생의 배경이 된 메시아신앙과 교회가 시작된 오순절성령강림사건, 그리고 교회가 성장해가도록 특별히 준비하신 하나님의 세 가지 섭리로서의 로마제국과 헬라문화 그리고 박해의 역사와 사도바울이라는 인물에 대해 소개하였습니다.

다음으로는, 기독교의 중요한 사상을 소개하였습니다. 기독교에서 가장 중요한 구원론의 문제를 소개하고, 기독교의 세계이해로서의 평화사상과 문화이해를 소개하였습니다. 그리고 사회적으로 가장 논란이 되면서도 심오한 기독교의 사상인 종말론을 소개하였습니다. 어찌 이 4가지 사상이 기독교에서 가장 중요한 핵심적인 사상이라고 말할 수 있겠습니까? 저자 나름대로 과거로서의 현재, 현재로서의 현재, 미래로서의 현재를 사는 기독교인의 삶을 가장 잘 표현할 수 있는 것이 이 4가지로 여겨서 소개한 것입니다.

그 다음은, 기독교의 역사를 소개하면서 그 중심에 루터와 칼빈의 종교개혁시대를 두었습니다. 이는 저자 나름대로의 기독교 역사관에서 기인합니다. 저는 기독교 역사는 신앙개혁운동의 역사라고 보고 있습니다. 기독교의 역사는 발생 때부터 지금까지 퇴보하고 변질되는 신앙에 맞서 영적으로 깨어있는 하나님의 사람들을 중심으로 시대마다 끊임없는 신앙개혁운동, 신앙부흥운동이 있었습니다. 그 중심에 대표적으로 종교개혁시대와 종교개혁자들이 있습니다. 그래서 기독교역사를 종교개혁시대를 중심으로 그 이전과 그 이후로 나누어 소개하였습니다.

다음은, 현재 교회를 중심으로 행하고 있는 실제적인 기독교인의 종교생활에서 꼭 알아야 할 몇 가지 신학적인 문제와 신앙생활의 요소를 소개하였습니다. 먼저는 기독교의 예배와 주일성수에 대한 이해입니다. 그리고 찬송가와 복음성가의 사용에 대한 것, 십일조를 포함한 헌금에 대한 것입니다. 기독교인들조차도 이 문제들에 대하여 잘못 이해하거나 자기 나름대로 해석된 이해를 가지고 있습니다. 그래서 성경적이고 신학적인 바른 이해를 위해 소개한 것입니다.

마지막으로는, 한국기독교에 대해 소개하였습니다. 한국에 기독교가 들어오게 된 유럽교회, 미국교회, 여러 교파들의 한국선교의 역사와 한국기독교의 대표적인 교단들의 발생배경과 분열의 역사, 그리고 한국기독교인들의 신앙형태의 특징과 문제점에 대해 소개해 보았습니다. 다음은 현대문화의 특징에 대해 소개하면서 한국기독교가 나름대로 한국문화를 따라 한국인이 이해하기 쉽도록 기독교를 알리고 정착시키려고 노력한 문화화의 실천사례들을 소개하였습니다. 아마 이 점에서는 교회생활에 익숙한 기독교인들도 기독교의 새로운 한 면을 볼 수 있는 시야를 가지게 될 것으로 기대됩니다. 끝으로는, 이 시대에 한국기독교에 주신 신앙개혁운동, 신앙부흥운동으로서의 크리스천학교운동을 소개하였습니다.

이 글은 저자 나름대로 최대한 쉽게 기독교를 이해할 수 있도록 쓰려고 했지만 다소 학문적이고 딱딱한 글이 될 수도 있습니다. 그렇지만 읽노라면 쉬우면서도 깊이 있게 기독교에 대해 알게 될 것입니다. 기독교를 소개한 이 소개서가 이미 기독교인으로서 신앙생활을 하고 계신 분들에게는 신앙과 믿음을 향상시키고, 좌로나 우로나 치우치지 않는 굳건한 믿음의 사람으로 세우는 길잡이가 되었으면 하는 바램이며, 기독교를 알고 싶어 하는 이들에게는 기독교에 대한 바른 이해와 믿음을 갖게 하는 계기가 되었으면 하는 것이 저자로서의 소박한 소망입니다.

이 글이 나오기까지 격려와 사랑을 주신 한국국제크리스천학교 유용국목사님과 이 책의 출판을 기꺼이 맡아 주신 존스북출판사 송선규장로님께 감사를 드립니다. 특히 저의 사랑하는 아내 문혜정과 세 딸 동하, 동해, 동효는 하나님이 주신 가장 소중한 선물입니다. 사랑하는 가족과 오늘도 이 땅의 교회 부흥과 크리스천리더 양성을 위해 크리스천학교운동에 헌신하고 있는 교육선교사들에게 이 책을 바칩니다.

모든 영광을 주님께 돌리며...

2015년 1월 새아침에
최 명 걸 목사

제 1 강

기독교의
발생과 성장

제1장
메시아 예수 신앙

1. 기독교의 유대교적 배경

기독교는 유대교와 특별하고 긴밀한 관계를 가지고 있다. 더 정확히 말하자면 기독교는 유대교를 기반으로 하여 탄생한 종교이다. 초기기독교는 유대교의 한 분파운동이었으며 예수 자신도 유대교 율법에 따라 난지 8일 만에 할례를 받았다. 어린 시절은 유대인 부모를 따라 유대인들의 관습대로 절기인 유월절을 지켰고 유대교 회당에서 안식일을 지키었다. 예수의 삶과 가르침도 유대적인 사고와 관습에 깊이 뿌리를 두고 있다.

유대교는 유대인의 시조인 아브라함이 믿은 창조주 하나님 신앙으로부터 자연스럽게 이어져온 종교이다. 고대에는 단을 쌓거나, 성막이나 성전에서 제사를 중심으로 하던 히브리인 종교가 바벨론의 침공으로 나라가 멸망되고 성전이 파괴되자 제사대신에 회당에서 가르침과 예배를 드리는 중심으로 바뀌어

이어져온 종교이다. 창조주 하나님을 믿던 고대 히브리인 종교가 역사의 변화에 따라 자연스럽게 유대교로 변형된 것이다.

　유대교에서는 구약성경을 읽고 정경으로 여기고 있지만 좋게 보면 예수 그리스도를 선지자 중에 하나로 본다. 그러나 기독교에서는 예수 그리스도를 구약성경에서 예언한 구세주 메시아로 믿는다. 이것이 유대교와 기독교의 근원적인 차이이다.

　유대교 입장에서 보면 예수는 유대교의 이단아이다. 유대인이면서 또한 유대교 신자이면서도 유대교의 전통과 율법에 대항한 이단아이다. 그나마 좋게 보면 유대교 급진변혁을 시도한 과격 분파주의자이다.

　예수 그리스도를 어떻게 이해하느냐에 따라 유대교와 기독교로 나뉘게 된다. 그래서 기독교가 태동된 초기시대 - 이 시대를 기독교에서는 초대교회시대라고 부른다. - 에는 유대교 기독교인들이 많았다. 대부분의 기독교 전파도 유대교의 집회장소인 회당(synagogue)을 중심으로 이루어졌다. 예수의 제자들도 뼛속 깊은 유대인들이었다. 유대인이 아닌 이방인들에게 복음을 전한 바울도 유대인의 유명한 랍비인 가말리엘의 문하생이었으며 자신을 소개할 때 '나는 히브리인 중에 히브리인 바리새파 사람이다.'(행23:6)라고 소개하였다.

　심지어 최초 기독교의 교회는 유대인들로만 시작되었다. 교회가 탄생하게 된 예루살렘 마가다락방 기도회 모임에 모인 120명의 사람들 모두가 유대인들이었고, 이후 탄생한 교회는 유대인들에게 거부감을 주지 않고 도리어 칭송을 받는 공동체였다(행2:47). 그래서 초대교회의 모임도 대체로 처음에는 유대교의 회당이나 성전에서 자주 이루어졌다. 유대교의 전통에 따라 안식일을 지키기도 했다.

많은 사람들은 예수가 기독교를 창시했고 창시자라고 여긴다. 그러나 예수 자신은 결코 기독교를 창시하지 않았다. 예수는 구약성경의 창조주 하나님을 믿는 고대 히브리종교나 유대교를 거부하고 새로운 종교를 창시하려고 의도한 적도 없다. 기독교는 유대인의 시조인 아브라함의 창조주 하나님 신앙이 역사의 흐름 속에서 자연스럽게 유대교로 이어졌듯이, 오직 예수가 구약성경에서 약속하신 메시아로 믿는 신앙을 따라 유대교에서 자연스럽게 이어져 탄생한 종교이다. 그래서 기독교는 결코 유대교의 정경인 구약성경을 배척하거나 거부하지 않는다. 다만 예수를 메시아로 믿는 신앙 안에서 재해석하여 받아들일 뿐이다.

2. 메시아의 개념

히브리어 '메시아'는 그리스어로는 '그리스도'라는 말이다. 기독교에서는 예수를 '예수 그리스도'라고 부른다. 이 말은 예수가 구약성경에서 예언된 바로 그 메시아로서 하나님의 아들이며 세상의 왕인 나사렛 예수에 대한 신앙고백이 함께 함축된 칭호이다. 메시아, 혹은 그리스도라는 말은 '기름부음을 받은 자'라는 뜻이다. 기름을 머리에 붓는 의식은 구약성경에서는 왕, 선지자, 제사장 등 특별한 신분의 사람을 세울 때 행해졌던 의식이었다. 이는 구별된 자, 특별한 하나님의 사람이라는 의미를 내포하는 일종의 신적의미를 가진 행위였다. 그러나 메시아, 그리스도는 더 특별한 존재이다. 이는 장차 이 세상과는 전혀 다른 새로운 세상을 만들기 위해 오실 세상을 구원할 자, 구세주를 일컫는 말이다. 메시아가 장차 오셔서 종말론적인 새로운 세상을 만들고 새 세상을 열게 될 것이라는 메시아 신앙은 구약성경의 중요한 중심사상이다. 메시아는 죄로 인하여 멸망 받을 수밖에 없는 세상을 구원할 하나님의 유일한 방법이며, 구원에 대한 하나님의 약속이며, 하나님의 구원 행위의 핵심이기도 하다. 그래서 구약성경에서는 메시아에 대한 예언과 그가 오면 열리게 될 새로운 세상에 대한 그림이 많이 기록되어 있다.

유대교의 메시아사상에는 다양한 메시아에 대한 기대가 있었다. 어떤 부류는 다윗 왕조를 재건할 전사적 왕-메시아에 대한 기대가 있었다. 이들은 메시아는 다윗의 아들로서 이방 민족들을 정복하여 이스라엘을 구원하고 의로운 통치로 이스라엘에게 태평성대를 가져올 왕-메시아를 기대하였다. 어떤 부류는 메시아가 이 땅의 악과 고난의 세력을 제거하고 태초의 낙원상태를 회복할 평화의 왕으로 기대하였다. 또 어떤 부류는 하늘에 태초부터 존재하며 종말에 하나님대신 세상을 심판하고 다스릴 초월적 메시아 '그 사람의 아들'을 기대하였다. 또 어떤 부류는 대제사장 메시아를 기대하였고, 또 어떤 부류는 하나님의 대리자, 도구로서 하나님의 심판과 구원을 실행하는 자로 이해하여 이 땅에서 완전한 신정 체제를 이루실 분으로 기대하였다. 이런 다양한 메시아 기대 중 예수 당시의 주된 메시아개념은 다윗왕조를 재건할 전사적-왕 메시아 기대였다.

그러나 메시아로서 예수가 보여준 메시아 상은 '고난 받고 십자가에서 죽는 메시아'였다. 이로써 많은 유대인들은 예수의 메시아 되심을 믿지 못하였다. 자신들이 기대해 온 메시아와는 너무나 다른 메시아였기 때문이다. 예수의 메시아 되심은 제자들에게도 조차 이해하기 어려운 것이었으나 예수는 죽음에서 부활하시고 승천하심으로써 그의 메시아 되심을 확증하셨다. 부활하신 예수를 만난 사람들은 십자가에 담긴 의미와 하나님의 구원의 지혜를 알게 되었으며 예수를 메시아로 믿고 고백하였다. 이렇게 예수를 메시아로 믿고 고백하는 사람들의 모임이 교회요, 기독교이다. 기독교는 '예수가 구약성경에서 예언했던 그 메시아, 하나님이 약속하셨고 우리가 그토록 기다리던 바로 그 메시아이시다.' 라는 신앙에서 탄생한 종교이다. 이 메시아 신앙이 기독교 발생의 배경인 것이다.

우리나라 말의 기독교(基督敎, Christianity)라는 용어는 '그리스도교'라는 말의 한자 표기이다. 한자로 그리스도를 '기독(基督)'이라고 표기한다. 따라서 기독교란 '예수를 그리스도로 믿는 사람들'로 구성된 모임, 혹은 종교라고 말할 수 있다. 그래서 기독교인이냐 아니냐는 예수를 그리스도로 믿느냐 아니냐와 상관된다.

3. 메시아(그리스도) 예수 신앙의 근거

기독교에서 예수를 메시아로 믿는 데에는 몇 가지 이유가 있다.

1) 하나님의 증거

예수가 세례를 받으러 요단강가 세례 요한에게 왔을 때 하늘로부터 이런 음성이 들려왔다.

"이는 내 사랑하는 아들이요, 내 기뻐하는 자라." (마3:17)

또한 예수께서 산에 올라가 기도하실 때 같은 음성이 하늘로부터 들려왔다.

"구름 속에서 소리가 나서 이르시되 이는 내 사랑하는 아들이요, 내 기뻐하는 자니 너희는 그의 말을 들으라." (마17:5)

예수의 메시아 되심은 유대인의 조상 아브라함이 믿어왔던 하나님과 유대교에서 섬기는 그 하나님께서 친히 하신 말씀이다.

유대인들은 구약시대 모세가 호렙산에서 하나님을 만나고 그의 음성을 듣고 와서 그들의 지도자가 된 이후 그를 하나님처럼 믿고 따랐다. 그리고 모세가 전해준 율법을 하나님께서 친히 내려주신 율법으로 믿고 그 율법을 준행하여 왔다. 이제 모세에게 말씀하셨던 그 하나님께서 다시 제자들과 그 시대 사람들에게 말씀하신다.

"이는 내 사랑하는 아들이요, 너희들이 그토록 기다리던 내가 보내는 그 메시아이니라."

하나님께서 친히 말씀하신 것만큼 확실한 믿음의 근거가 어디 있는가? 이것이 기독교에서 예수를 메시아로 믿는 이유이다.

2) 예수 자신의 증거

두 번째는, 예수 자신의 증거이다.

예수는 자신 스스로가 구약성경에서 예언한 메시아임을 증언하였다. 누가복음 4장 14절~30절에 의하면 회당예배 때 예수께서 일어나서 이사야 61장 1절의 말씀 - 장차 올 메시아에 관한 예언의 말씀 - 을 읽고 나서는 "오늘날 이 말씀이 너희 귀에 응하였느니라."고 선언함으로 청중을 놀라게 했다. 예수의 선언에 의하면 메시아 예언이 예수 자신에게서 성취되었다는 주장이고 이사야 선지자가 예언한 그 약속된 메시아가 자기 자신이라고 가르치는 것이다.

예수의 메시아됨에 대해 의구심 많은 유대인들이 예수께 직접 묻기를 "당신이 메시아 그리스도인지 아닌지 분명히 말해 달라."는 질문에 예수는 대답하기를

"내가 이미 말했는데도 너희가 믿지 않았다." (요10:25)

고 하였다. 심지어 유대인들에게 신성모독으로 목숨의 위협을 받을 수 있는 상황에서도 아주 단호한 어조로 대답하였다.

"나와 하나님은 하나이니라." (요10:30)

예수에게 세례를 베풀었던 세례 요한 마저 그의 제자들을 통해 예수께 묻기를 "오실 그 이(약속된 메시아)가 당신이오니까? 우리가 다른 이를 기다리오리이까?" 라고 하였다. 이에 대한 예수의 대답은

"너희가 가서 보고 들은 것을 요한에게 알리되 맹인이 보며 못 걷는 사람이 걸으며 나병환자가 깨끗함을 받으며 귀먹은 사람이 들으며 죽은 자가 살아나며 가난한 자에게 복음이 전파된다 하라." (눅7:22)

이었다. 이는 예수 자신이 스스로 구약성경에 약속된 메시아가 자신임을 당당히 증거 하는 말이었다. 예수는 그 누구를 막론하고 자신의 정체성을 묻는 사람들에게 항상 당당하게 자신은 구약성경에 예언된 그 메시아라고 대답을 하였고, 자신의 정체성과 사명을 분명히 알고 있었다.

또 하나는 예수는 자신을 스스로 '인자'라고 불렀다. '인자'라는 말은 구약성경에 나오는 메시아 칭호의 다른 용어이다. 그런데 이 용어를 예수가 자신을 지칭하는 말로 사용한 것이다. 인자칭호는 다른 사람이 예수를 호칭하는 말로 사용된 적이 없으며 예수께서 스스로 자신을 지칭하는 용어였다. 예수는 자신을 메시아라고 부르지 않았다. 그 이유는 그의 사역이 대중들이 생각하고 부르는 메시아 칭호와 구별되게 하기 위해서였다. 그래서 예수께서는 자신을 '인자'라고 부름으로 해서 이 칭호가 새로운 숭고한 의미를 나타낼 뿐만 아니라 동시에 이 칭호에 새로운 의미를 부여할 수 있는 여지를 만들었다. 인자칭호에 '고난의 종' 이라는 새로운 개념을 결합시킨 것은 예수자신이었다. 이로써 예수는 자신이 하늘의 영광과 권능을 가진 분으로서의 메시아 개념에 더하여 영광스러운 하나님 나라 도래를 만들기 위하여 고난 받고 죽임을 당하는 인간으로 오신 메시아이심을 새롭게 가르치셨다. 예수는 메시아를 의미하는 인자라는 용어를 사용함으로써 메시아 되심을 드러내셨지만 동시에 이 용어를 통해 당시 사람들이 믿고 있는 전사자—왕으로서의 메시아가 아닌 고난을 통해 구원하시는 메시아, 인간되신 하나님을 가르치시기를 원하셨다.

3) 예수를 만난 사람들의 증거

예수를 만난 사람들은 예수가 하나님의 아들이고, 메시아라고 서슴지 않고 증거 하였다. 사마리아의 수가 동네 우물가에서 예수를 만난 한 여인은 예수와 짧은 대화를 하였을 뿐이지만 자신의 수치스러운 현재의 삶으로 지내오던 은둔의 삶을 걷어내고 동네로 들어가 사람들에게 이렇게 외쳤다.

"내게 말한 이 사람을 와서 보라 이는 그리스도가 아니냐?" (요 4:29)

예수의 제자였던 베드로는 "너희는 나를 어떻게 생각하느냐?"는 예수의 질문에 이렇게 대답하였다.

"주는 그리스도시요 살아계신 하나님의 아들이시니이다" (마 16:16)

예수의 제자 중에는 매우 이지적이며 의심이 많았던 한 제자가 있었다. 도마라는 제자이다. 그는 다른 동료 제자들이 부활하신 예수님을 만났다는 이야기를 듣고도 말하기를 "나는 내가 그의 손의 못 자국을 보며 내 손가락을 그 못 자국에 넣으며 내 손을 그 옆구리에 넣어 보지 않고는 믿지 아니하겠노라."(요21:25)고 하였다. 그런 그도 부활하신 예수를 만나고는 이렇게 고백하였다.

"당신은 나의 주님이시요 나의 하나님이시니이다." (요21:28)

심지어 귀신들린 사람도 예수를 만나면 이렇게 소리 질렀다.

"나사렛 예수여 우리가 당신과 무슨 상관이 있나이까? 우리를 멸하려 왔나이까 나는 당신이 누구인 줄 아노니 하나님의 거룩한 자니이다." (마1:24)

예수를 만나 기적을 체험했던 사람이나 대화를 나누었던 사람이나 그를 3년 동안 따라다니며 수 없이 예수가 누구인지를 살펴보았던 제자들도 심지어 귀신들린 사람조차도 예수를 만나기만 하면 예수를 그리스도라고 고백하였다.

오늘날도 마찬가지이다. 예수를 왜 믿느냐? 교회를 왜 다니느냐? 고 묻는다면 그리스도인이라면 같은 대답을 할 것이다. '예수가 그리스도이고 나의 구세주가 되시기 때문이다.'이 간단하고도 명확한 체험과 이유가 예수를 믿는 이유이고, 기독교가 발생한 동기이며 배경이다. 기독교는 예수를 구세주로 믿고 체험한 사람들에 의하여 자연스럽게 발생한 종교이다. 예수 자신이 나를 메시아로 믿으라고 만든 종교가 아니다. 메시아라는 확신, 믿음을 가진 사람들이 자연스럽게 모여 그를 회상하고 가르침을 기억하고 예배하다보니 자연스럽게 생겨난 종교인 셈이다.

제2장
오순절 성령강림

1. 교회의 탄생

　기독교를 말할 때는 교회를 빼놓을 수 없다. 기독교는 교회가 중요한 신앙의 중심이며 터전이다. 그리스도인들에게 교회는 단순한 예배의 처소 그 이상의 의미를 가지고 있다. 교회는 구원을 위한 하나님의 계획이고, 그리스도 자신이며, 그리스도의 몸이고, 그리스도인들은 교회에 속함으로 그의 지체가 되는 유기적 공동체이다. 또한 교회란 눈에 보이는 건물로서의 교회가 진정한 교회가 아니고 두세 사람이라도 메시아 신앙을 가지고 모인다면 그 모임 자체가 이미 교회가 된다. 교회는 매우 심오한 신학적 의미를 가지고 있는 기독교의 신앙공동체이다. 따라서 기독교와 교회는 떼려야 뗄 수 없는 관계이며 기독교의 역사는 곧 교회의 역사이고 기독교가 곧 교회라고 할 수 있을 정도이다. 따라서 교회의 시작이 곧 기독교의 시작점이라고 할 수 있다.

교회의 시작점 탄생에 대하여는 신약성경 사도행전 1~2장에 기록되어있다. 예수 그리스도가 십자가에서 죽으시고 삼일만에 부활하신 후 40일이 지나서 승천하신 후에 예수의 제자들과 예수의 어머니, 동생들을 비롯해 예수를 지극정성으로 따랐던 120명의 무리가 예수의 명령과 약속을 따라 예루살렘의 마가의 다락방에 모여 있었다. 이들이 모인 이유는 마음을 같이하여 오로지 기도에 힘쓰기 위함이었으며, 또 다른 이유는 예수가 승천하기 전 "너희는 예루살렘을 떠나지 말고 내게서 들은 바 아버지께서 약속하신 것을 기다리라 요한은 물로 세례를 베풀었으나 너희는 몇 날이 못 되어 성령으로 세례를 받으리라... 오직 성령이 너희에게 임하시면 너희가 권능을 받고 예루살렘과 온 유대와 사마리아와 땅 끝까지 이르러 내 증인이 되리라."(행1:4~8)는 명령과 약속을 기억해서이다.

　　이들 120명이 모였을 때 예수의 제자 중 가장 연장자였던 베드로가 제자의 수가 12명이어야 하는 이유를 설명하고 제자 중 예수를 배반하고 스스로 목숨을 버린 가롯 유다를 대신하여 한 사람을 세우자고 제안했다. 그래서 제비뽑기를 한 결과 맛디아라는 사람이 뽑혀서 가롯 유다를 대신하여 제자(사도)의 반열에 들어갔다. 그리고 이들이 힘써서 기도하기를 10일이 되었다. 이 때가 유대명절로는 오순절 날이었다. 그들이 힘써 기도할 때 놀라운 역사가 일어났다. 그것은 홀연히 하늘로 부터 급하고 강한 바람 같은 소리가 나면서 그들이 앉은 온 집 에 가득하며 마치 불의 혀처럼 갈라지는 것들이 그들에게 보 이고 각 사람 위에 하나씩 임하여 있더니 그들이 다 성령의 충 만함을 받고 성령이 말하게 하심을 따라 다른 언어들로 말하 기를 시작한 것이다.

이것이 교회의 시작이며 탄생이다. 교회는 예수 십자가 처 형 후 50일째, 예수 승천 후 10일 후 되는 날인 오순절을 기하 여 승천한 예수가 약속한 대로 성령이 사람들에게 임하는 역 사로 시작되었다. 그래서 기독교의 탄생일을 '성령강림절'이 라고 하여 기독교 5대 명절로 지키고 있다. 기독교 5대 명절이 란 교단마다 다소 차이가 있지만 대체로 성탄절, 수난절, 부활 절, 성령강림절, 감사절(맥추, 추수)을 말한다.

기독교는 오순절에 성령강림으로 시작된 교회의 탄생이 그 시발점이라고 할 수 있다. 교회는 사람이 지혜로 조직하여 만 든 것이 아니라 전적으로 하나님의 주권 속에서 성령이 강림 하시므로 생겨난 것이다. 그래서 교회는 사람의 것이 아니라 하나님의 교회이며 하나님이 계획하시고 하나님이 주도하시며 하나님이 시작하신 공동체이다.

2. 이상적 교회로서의 초대교회

기독교에서는 교회의 이상을 말할 때면 시대와 교파를 넘어 한결같이 초대교회를 말한다. 오순절에 성령강림으로 시작된 초대교회의 그 때의 그 모습 그 교회가 진정한 교회요, 교회의 원형으로 기독교에서는 교회의 최고의 이상적 모델로 삼고 있다. 그래서 교회의 갱신과 이상을 말하고자 할 때면 한결같이 초대교회를 언급하곤 한다. 기독교에서 가장 이상적 교회는 초대교회 같은 교회이다. 초대교회처럼 성령의 임재를 경험하고 성령이 주도하는 교회이다. 그러면 초대교회의 모습은 구체적으로 어떠했는가?

교회가 탄생한 그 때는 유대인 대명절인 오순절이라 경건한 유대인들이 천하 각국으로부터 와서 예루살렘에 머물러 있던 시기였다. 이 때 각국에서 온 사람들은 마가 다락방에서 제자들이 기도하는 소리를 듣는데 신기하게도 기도는 한 방언(언어)인데 들리기는 각각 자기들이 속한 나라의 방언으로 들리므로 다 놀라 신기하게 여기며 소동하고 더러는 술에 취한 것이 아니냐고 조롱하는 사람도 있었다. 그들이 알기로도 이들은 대부분 무식한 갈릴리 지방 유대사람들이고 결코 다른 지방의 언어를 배운 적도 할 줄도 모르는 것을 잘 알고 있었기 때문이다.

이 때에 베드로가 나서서 자신들은 결코 술에 취한 것이 아니라 선지자 요엘과 구약성경에서 약속한 성령을 받은 것임과 예수의 행적, 곧 죽으심과 부활을 설교하고서는 회개하고 성령을 받으라고 외치자 그 말을 들은 사람들 중 삼천 명이 그 자리에서 회개하고 예수를 믿게 되는 놀라운 역사가 일어났다.

성령강림한 초대교회의 방언의 현상은 특별한 역사였다. 흔히 기독교에서의 방언의 은사란 기도하는 사람이 자신의 의지와 상관없이 입에서 자신도 모르는 언어로 기도가 나오는 것을 의미한다. 그러나 초대교회의 방언은 말하는 사람 중심이 아니라 듣는 사람이 다른 나라의 방언을 자신의 난 곳 방언으로 알아듣게 되는, 듣는 사람 중심의 방언의 역사였다. 그러면 왜 기독교에서는 초대교회의 이 방언의 현상을 특별한 교회의 이상으로 삼고 있는가? 그것은 방언이 가지고 있는 성경적, 사회적 의미 때문이다.

성경에서는 사람과 사람이 나뉘고 하나 되지 못하는 가장 기초적인 원인을 언어에서 찾는다. 이것은 구약성경의 바벨탑 사건으로 거슬러 간다. 바벨탑사건이란 사람은 본디 온 땅에 언어가 하나요 말이 하나였는데 교만하여져서 하나님이 아닌 자신들의 이름을 내고 온 지면에 흩어짐을 피하기 위하여 높은 성읍과 탑을 건설해 갈 때 하나님은 사람을 심판하고 흩어놓기 위하여 언어를 혼잡하게 하셨다. 이로써 사람은 서로 말이 통하지 않자 자연스럽게 온 지면에 흩어지게 되었다(창 11:1~9). 언어가 통하지 않는 것은 사람과 사람이 하나 되지 못하는 가장 기초적인 원인이 된다. 그런데 오순절 성령강림은 혼잡해진 인간의 언어세계를 회복시키고 한 언어로서 서로 상통하는 인간관계, 한 언어로서 하나된 이상적 인간세계를 잠시 경험케 하였다. 이로써 사람과 사람간의 단절된 의사소통이 회복되고, 서로를 이해하는 새로운 세상이 열린 것이다. 성령강림은 인간을 새롭게 변화시키시는 하나님의 새 창조의 역사이며, 하나님이 인간세계에 새롭게 개입하시는 새 역사의 시작이다. 따라서 성령강림으로 시작된 교회는 세상의 어떤 조직, 단체, 나라에서 경험할 수 없는 새로운 세상을 경험케 하는 하나님나라의 모형이다. 그러므로 오순절 성령강림의 초대교회는 가장 이상적 사회, 이상적 인간세계이다.

오순절 성령강림으로 시작된 초대교회의 또 다른 모습이 있다. 이날이후로 사도들로 말미암아 이곳저곳에서 이런 저런 기사와 표적이 많이 나타나기 시작했다. 이로서 사람들은 거룩한 두려움을 느끼게 되었으며 믿는 사람들은 다 함께 모여 모든 물건을 서로 통용하고 또 재산과 소유를 팔아 각 사람의 필요를 따라 나눠 주며 날마다 마음을 같이하여 성전에 모이기를 힘쓰고 집에서 떡을 떼며 기쁨과 순전한 마음으로 음식을 먹고 하나님을 찬미하며 또 온 백성에게 칭송을 받았다. 이로써 구원받는 사람들, 예수를 그리스도로 믿고 회개하며 세례를 받는 사람들이 놀랍게 증가하는 역사가 진행되었다(행 2:43~47). 바로 이러한 모습이 기독교에서 초대교회를 이상적 교회, 이상적 모델로 삼는 이유이다.

3. 성령행전의 교회

오순절 성령강림으로 시작된 교회의 성장과 복음의 전파 역사를 기록한 성경이 신약성경의 사도행전이다. 사도들의 행적을 기록한 경전이라는 뜻이다. 그런데 이 사도행전의 또 다른 이름이 '성령행전' 이다. 성령으로 시작한 교회, 성령이 세우시는 교회로서 교회는 성령의 역사로 인해서 교회가 된다. 교회는 성령행전의 연속성 위에서 세워지며 성령행전이 중단된 교회는 이미 교회가 아니다. 교회는 다름 아닌 성령행전의 역사여야 한다. 교회가 교회되려면 성령행전을 이어가야 한다.

오순절 날 사건이 있은 지 얼마 안 되어서 예수의 제자 베드로와 요한이 성전에 올라가다가 나면서부터 앉은뱅이 된 사람을 보고 그를 고치는 기적이 일어났다. 이를 본 많은 사람들이 모여들자 베드로는 설교하면서 예수의 그리스도 되심을 증거 하였다. 이 날 베드로의 설교를 듣고 회개하고 예수를 믿는 사람이 자그마치 남자만 약 오천 명이나 되었다(행3~4). 이는 저들이 성령이 충만하여 복음을 전한 까닭이었다.

교회가 확장되어가자 다양한 구성원들과 새로운 문제들이 생겨났다. 본래 제자들은 팔레스틴의 유대인들, 유대교기독교인들이었지만 예수를 믿는 무리 가운데는 이미 헬라 언어를 사용하고 헬라문화에 익숙한 헬라파 유대인들도 많이 생겨났다. 또한 구제사역의 문제를 놓고 헬라파 유대인과 팔레스틴 유대인들 사이에 의견차가 나기도 하였다. 이로써 초대교회 안에서는 최초의 분쟁과 알력이 생겨났다. 일이 이쯤 되자 초대교회 제자들은 조직의 필요성과 업무분장의 필요성을 느끼게 되어 자신들은 기도와 설교하는 일에 매진하고 다른 일들은 선별된 사람들에게 맡기기로 하였다. 그래서 초대교회는 모여 다시 기도하면서 성령과 지혜가 충만한 사람 일곱을 뽑아서 그들에게 사역을 분담하였다. 그 중 스데반은 지혜와 성령이 충만하여 담대히 복음을 전하다가 기독교 최초의 순교자가 되었다(행6).

스데반의 일로 일어난 환난으로 말미암아 흩어진 자들이 베니게와 구브로와 안디옥까지 이르러 복음을 전했는데(행11:19) 이 중 안디옥 교회는 성령이 불러시키는 일을 위하여 바나바와 사울을 따로 세워 마침내 기독교 최초의 선교사로 이들을 파송하였다. 파송 받은 이 두 사람으로 말미암아 복음은 아시아 전역으로 퍼지게 되었으며 기독교는 놀랍게 확장되어 갔다.

그러나 여기에는 또 다른 문제가 있었으니 이렇게 이방인들에게 복음을 전하는 문제에 대한 교회적인 합의, 다른 말로 하면 기독교 신학적인 정립이 필요하게 되었다. 아직도 교회 안에는 유대교 전통에 입각한 기독교인들이 많이 있었다. 이들에게는 이방인들에게 복음을 전하고 그들을 교회의 일원으로 받아들이는 것이 쉬운 문제가 아니었다. 구약성경과 율법, 대대로 지켜 내려온 전통, 특히 유대인이 아닌 이방인기독교인에게도 율법대로 할례를 받게 해야 하는가 말아야 하는가의 문제를 두고 초대교회는 심각한 고민에 빠졌다. 그래서 이런 문제들을 어떻게 받아들여야 하는지에 대한 신학적인 정립이 필요했다. 이를 위해 초대교회는 최초의 공의회, 곧 전 교회 공동체의 회의를 예루살렘에 소집하였다. 이 때 회의를 주재한 사람은 초대교회의 최고 어른 역할을 하였던 예수님의 동생 야고보였다. 사울과 바나바의 이방인에게 임한 성령의 임재와 회개역사의 선교보고, 그리고 베드로가 받은 환상과 베드로가 이방인 고넬료에게 복음을 전하고 성령을 받은 사건들을 보고받은 야고보는 이제 더 이상 율법을 고수할 필요가 없고 율법의 준수가 구원의 조건이 될 수 없다는 중대한 신학적 결론을 내렸다. 다만 심각하게 반대하는 유대교그리스도인들을 위해 그들과의 적대적 대립을 피하기 위해 그들이 지극히 싫어하는 율법의 몇 가지 조항만 지키자고 결의하였다. 이로써 초대교회는 이방인에게도 임하시는 성령의 역사를 따라 새로운 구원관, 선교관을 정립하고 세계로 향하여 복음을 전파하는 성령행전의 역사를 진행하기 시작하였다.

이처럼 교회의 책무가 있다면 그것은 성령행전을 이어가는 것이다. 교회는 성령이 떠나면 교회됨을 상실한다. 기독교의 생명력은 성령에 있다. 기독교의 발생과 성장역사를 기록한 사도행전은 그래서 다른 별명이 성령행전이다. 사도행전은 곧 성령행전이었다. 교회의 역사는 성령강림으로 시작하여 성령이 진행하시는 역사이다. 또 성령이 이 땅에 강림하신 가장 큰 이유가 교회를 세우고, 교회공동체로 하여금 땅 끝까지 이르러 예수의 증인이 되게 하려 하심인 것이다. 기독교는 성령으로 시작하여 성령으로 성장 확장되어온 종교이다.

제3장
특별한 세 가지 섭리

1. 로마제국과 헬레니즘 문화

　기독교가 세계로 놀랍게 전파되고 성장하게 된 데에는 하나님의 특별한 섭리 세 가지가 있다. 섭리란 하나님의 피조세계를 향한 특별한 의도, 계획, 하나님의 의지를 일컫는다. 기독교적인 관점으로 보아 기독교의 놀라운 세계 전파 확장에는 하나님의 섭리가 있다. 그 섭리의 첫 번째가 로마제국과 헬레니즘 문화이다.

　성경에서는 "때가 차매 하나님이 그 아들(예수)을 보내셨다."(갈4:4)라고 한다. 여기서 때가 찼다는 말을 혹자는 '복음을 전하기에 가장 적합한 시대'라고 해석하고 있다. 만약에 예수가 다른 시대에 태어났다면 과연 오늘의 기독교로 성장할 수 있었을까? 라는 생각을 해본다. 그만큼 예수가 복음을 전하기 시작하여 그의 제자들로 이어진 복음전파는 그야말로 기막히게 적합한 시대에 이뤄졌다. 그 때가 바로 로마제국과 헬레니즘의 문화시대이다. 로마제국과 헬레니즘의 문화라는 그릇은 기독교를 전 세계의 종교로 발전시키는 하나님이 준비하신 특별한 섭리라고 보는 것이다.

기독교의 급속한 전파력은 당시 로마제국과 헬레니즘의 문화에 힘입은 바가 크다. 로마제국의 안정된 치안과 전 세계를 다닐 수 있는 한 제국, 발달된 도로망, 헬라어로 통일된 언어, 헬라문화의 종교적 철학적 관심, 학문의 발달, 당시 파괴된 도덕성으로 인한 기독교의 상대적 탁월성 등은 기독교의 세계화를 도왔다. 당시 로마는 세계의 정치, 경제, 사회의 중심지였고 로마에서 유행한 학문, 사상, 종교는 전 세계로 쉽게 파급되었다. 헬라문화와 철학은 흩어진 교회들에게 성경을 통한 신앙지도, 일치에 큰 역할을 하게 하였으며, 당시 공용어는 라틴어였으나 헬라어가 이미 널리 보급되어 제국 내 어느 지역, 어느 민족에게나 다 복음을 전할 수 있었다. 시대적 여건이 복음의 세계화를 위해 잘 구비된 시기였다.

더구나 로마황제에 의한 기독교의 공인은 기독교가 유럽 전역에 빠르게 전파되고 파급되는 효과가 있었으며 그 결과 이미 4세기에 기독교인 수가 3천만 명으로 증가되었다. 기독교는 로마제국이라는 제국의 영향력으로 시작된 지 불과 600년이 안되어 오늘날의 전 유럽 일대를 기독교화 하였다. 로마제국이라는 시대 환경이 기독교 성장과 확산을 위한 하나님의 특별한 섭리 가운데 하나이다.

2. 박해

기독교의 놀라운 세계 전파 확장을 위한 하나님의 두 번째 특별한 섭리는 바로 '박해'이다.

일반적 견해로는 이해하기 어려운 해석일 수 있다. 그러나 기독교적, 성경적 견해에선 이상할 것 하나 없다. 성경은 고난 자체를 악으로 보지 않는다. 도리어 고난 속에 담긴 특별한 하나님의 지혜와 역사를 말한다. 위대한 신앙인들은 고난을 통해 거룩하게 되고 온전한 믿음의 사람으로 성장했다. 고난은 하나님의 숨겨진 축복이다. 하나님은 기독교의 성장을 위해 박해와 고난이라는 도구를 사용하셨다. 기독교는 초창기부터 환난과 고난, 박해를 받았고 이를 통해 놀랍게 성장하였다. 역사적으로 보면 한국기독교도 예외가 아니었다. 무서운 박해를 통해 교회는 더 성장했고 강해졌으며 순수해졌다. 하나님은 박해라는 도구를 통해 교회를 성장시켰다. 교회의 박해는 첫째는 유대교로부터, 다음은 로마제국으로부터 받은 것이었다.

초대교회는 엄청난 기적이 많이 있었고 유무상통을 이루는 놀라운 유토피아적 공동체였다. 그리고 놀라운 속도로 성장했다. 이런 기독교의 확장을 지켜보던 유대교 지도자들과 추종자들은 기독교에 대해 위협을 느꼈다. 유대교신자들이 기독교로 개종하고 유대교의 율법과 전통을 흔들어 놓는 상황은 유대교 입장에서는 그냥 놔둘 수 없는 위협적인 대상으로 여겨졌을 것이다. 나아가 증오의 대상이 되었다. 이들은 유대교 신자들이 예수를 그리스도로 믿으면서 율법에 새로운 해석을 가하며 그동안 지켜왔던 유대교적인 전통과 관습들을 무시하는 경향을 보이자 기독교를 이단시하며 노골적인 적대감을 갖게 되었다. 그래서 제자들의 지도자격인 베드로와 요한을 잡아다가 공회에서 심판하고 감옥에 가두는 등 박해를 시작하더니 급기야는 초대교회에서 세운 일곱 지도자 중의 한 사람이 스데반을 돌로 쳐 죽이는 사태가 발생하였다. 이로써 스데반은 기독교의 최초의 순교자가 되었다.

스데반의 사건으로 시작된 유대교의 기독교 박해는 예루살렘에 모여 있던 그리스도인들을 세계 곳곳으로 흩어버리는 계기가 되었다. 스데반 사건으로 시작된 본격적인 박해를 피하여 그리스도인들은 세계로 흩어지게 되었는데 그 중에 구브로와 구레네 몇 사람이 안디옥에 이르러 유대인이 아닌 유대인의 입장에서 보면 이방인인 헬라인들에게 복음을 전하니 그들이 예수를 믿게 되는 놀라운 사건이 발생하게 되었다. 흩어진 사람들이 처음에는 그 지역에 이르러서 유대인에게만 복음을 전했는데 그럼에도 불구하고 안디옥에서는 유대인이 아닌 이방사람 헬라인이 예수를 믿게 되는 사건이 발생하게 되었고, 이들을 교회의 구성원으로 받아들인다는 것은 아무리 예수를 그리스도로 영접한 유대인일지라도 이해하고 용납하기 어려운 문제였다. 여기에는 또 다른 이해하지 못 할 수많은 신학적 문제가 있기 때문이다.

안디옥교회 사건의 소문을 들은 예루살렘교회에서는 급기야 바나바를 안디옥까지 보내서 이 놀라운 사건의 진상을 파악하게 되었다. 바나바는 이 문제를 위해 그전에 예수 믿는 사람들을 핍박하고 잡으러 다니는데 앞장서다가 회심하고 그리스도인이 된 사울을 다소에 까지 찾아가 그를 데리고 가서 함께 안디옥교회를 가르치고 신앙 지도하는 일을 하였다. 이때부터 헬라인들과 유대교인들은 기독교인을 '그리스도인'이라고 부르게 되었다(행11).

이 일이 있은 후 초대교회는 분봉왕 헤롯 아그립바의 심한 박해를 받았다. 박해로 예수의 제자 중 하나인 야고보가 참수로 순교를 당하였다. 이 두 번째 순교사건으로 말미암아 초대교회는 더욱 박해를 피해 이제 예루살렘에서 세계로 향하여 흩어지게 되었다. 한편 안디옥교회에서는 또 하나의 놀라운 사건이 발생했는데 그것은 안디옥 그리스도인들이 금식 기도 하던 중 성령의 지시를 받아 바나바와 사울을 선교사로 따로 세워 파송하게 된 사건이다. 이로써 기독교는 세계의 종교로 뻗어 나가는 계기가 되었다. 유대인의 종교에서 세계인의 종교로의 놀라운 전환을 맞이하게 된 것이다. 박해는 예루살렘의 기독교를 세계의 종교로, 유대인의 종교를 세계인의 종교로 만들기 위한 하나님의 특별한 섭리의 도구였다.

유대교에 이어 이제 초기기독교는 로마제국에 의해 박해를 받았다. 로마제국에 의한 박해는 크게 주후 250년을 전후로 하여 지역적인 박해 혹은 전기 박해와 국가적 박해 혹은 후기 박해로 나눌 수 있다. 지역적 박해란 그 규모가 크지 않고 지역적이거나 전 국가적이지 않다는 의미일 뿐 황제의 정치적 결단에 의한 박해를 받았다는 점에서는 동일하다. 로마제국에 의한 박해의 원인은 몇 가지가 있는데 가장 큰 원인은 정치적인 문제 때문이다. 정치적이라는 것은 로마제국의 황제들은 통치의 수단으로 황제숭배를 시행하였으나 기독교인들은 이를 우상숭배로 여겨 황제숭배를 거부한데서 비롯된 것이다. 로마제국으로부터의 박해의 다른 이유들은 사소한 오해에서 비롯

된 것들이다. 가령 성만찬의 살과 피를 오해하여 기독교인들은 식인종이라는 오해, 기독교인들이 오락과 사치, 음행을 멀리하는 것을 반사회적인 집단으로 여긴 오해, 기독교인들이 서로 형제자매라 부르면서 결혼하는 것을 보고 근친상간으로 여긴 오해, 저녁에 모여 예배드리는 것을 보고 음란한 짓을 한다고 생각한 오해, 눈에 보이지 않는 신을 섬기니 무신론자들이라고 생각한 오해 등이다.

로마제국에 의한 박해는 주후 64년 네로황제로 시작하여 주후 300년경 디오클레티아누수 황제에 의한 10년 대박해를 지나, 주후 313년 서로마의 콘스탄티누스 황제와 동로마의 리키니우스 황제가 기독교를 공인하는 '밀라노칙령'을 발표함으로서 막을 내렸다. 기독교는 발생 초기부터 로마제국에 의해 약 300년 동안 박해를 받았으나 이것은 도리어 기독교를 내적으로 강하게 만들었으며 기독교의 정체성과 사명을 확고히 하는 계기를 만들어 주었다. 300년 동안의 박해시대를 지나 마침내 기독교는 주후 380년에 테오도시우스 황제에 의해 로마제국의 국교가 되었으며 세계의 종교가 되었다. 황제에 의한 박해는 황제로 인해 막을 내리고 국가에 의한 박해는 국가의 종교가 되는 대역전이 이루어졌다. 이것은 하나님의 특별한 섭리이다.

3. 사도 바울

기독교의 놀라운 세계 전파 확장을 위한 하나님의 세 번째 특별한 섭리는 바로 '사도 바울'이라는 인물을 하나님께서 준비시키시고 사용하신 것이다.

기독교의 세계화에 있어서 사도 바울의 공로와 업적은 너무나 지대하다. 그래서 어떤 이는 심지어 사도 바울이야말로 기독교의 창시자, 시조라고 말하기도 한다. 사도 바울은 기독교 역사에서 최초의 선교사였으며, 소아시아를 비롯 유럽과 로마에 이르기까지 수많은 교회를 설립했고 교회를 돌본 목회자이기도 하다. 또한 신약성경의 40%를 기록한 사람이며, 기독교 교리의 기본체계와 기독교신학의 기틀을 마련한 기독교 최초의 신학자라고도 할 것이다.

사도 바울은 이스라엘의 베냐민 지파에 속한 사람으로 다소 출신의 디아스포라 유대인, 유대인 중에서도 유대교에 철저한 바리새파 사람이었다. 그는 유명한 유대교 선생인 가말리엘 아래에서 천막기술과 율법을 배웠으며 철저한 유대교 훈련을 받았다. 동시에 로마시민권자로서 로마 세계의 문명과 학문을 배웠다. 헬라어에 능통하고 헬라 철학에도 능통하였다. 그는 율법과 신앙에 열심이 대단했으나 매부리코에 외모는 그다지 훌륭한 편은 아니었다. 그의 글은 매우 힘이 있고 설득력과 정교함이 있었으나 말은 그다지 잘하는 편이 아니었다. 사도 바울은 처음에는 교회를 핍박하는 자였다. 율법에 열심을 갖고 율법을 어기는 그리스도인들을 찾아다니며 옥에 가두는 교회 박해자였다. 그런 그가 다메섹을 가던 중 환상 중에 예수를 만나고 변화되어 예수의 증거자로 돌변하였다. 그 후 3년 동안 아라비아로 가서 은둔생활을 하다가 바나바의 천거로 안디옥 교회로 와서 교사생활을 하다가 바나바와 함께 선교사로 파송 받았다.

바울의 종교적 배경, 박해의 열심, 율법의 지식, 헬라 학문, 로마 시민권 등 그가 경험하고 체득한 모든 것은 이제 하나님의 복음을 위해 최적의 도구가 되었다. 그의 시민권은 세계 모든 곳을 다닐 수 있는 복음의 도구가 되었으며, 그의 헬라어 실력은 어느 곳을 다니든지 어떤 사람을 만나든지 복음을 전할 수 있는 도구가 되었으며 그의 열심은 전 세계를 향한 전도여행의 도구가 되었고 그의 율법지식은 유대인들을 설득하는 도구가 되었으며 그의 헬라문명에 대한 이해와 고등지식은 고관대작들을 전도하며 성경을 집필하는 도구로 쓰여 지게 되었다. 그야말로 사도 바울이 없었다면 과연 오늘날의 세계적 기독교가 가능했을까 할 만큼 사도 바울의 역할은 대단한 것이었다. 바울은 1차, 2차, 3차의 전도여행을 통해 소아시아를 비롯 유럽일대에 이르는 전도자가 되었으며 그가 가는 도처에는 교회와 제자들이 세워졌다.

사도 바울은 마침내 그의 이방인 전도사역을 마치고 로마에서 순교를 하였다. 로마에 까지 복음이 그것도 고위관직의 상류층에 복음을 전함으로써 후일 기독교공인의 초석을 놓았으며 기독교가 지식층을 비롯 가난한 자들이나 이방인이나 어린아이나 어른이나 남자나 여자나 할 것 없이 모두에게 전파되는 종교가 되는데 큰 공헌을 하였다. 사도 바울은 세계 복음화를 위해 하나님의 특별한 섭리 가운데 준비되고 사용된 하나님의 사람이었다.

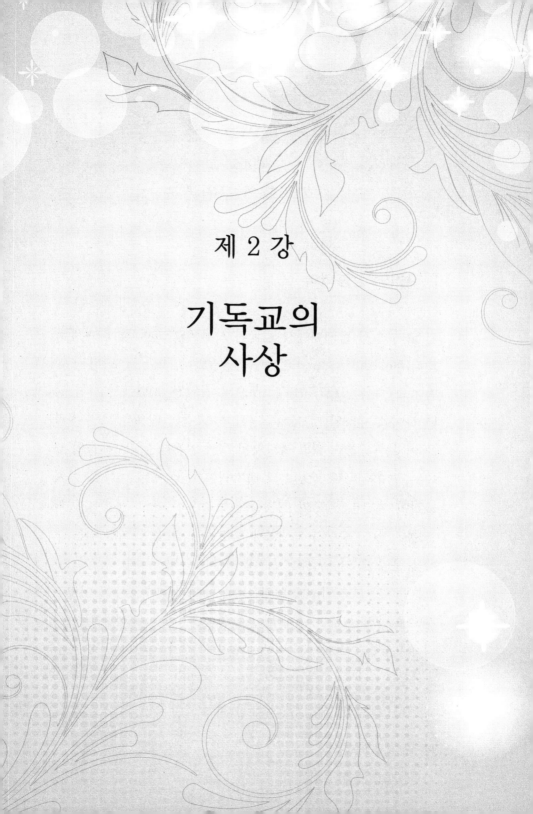

제 2 강

기독교의
사상

제4장
기독교의 구원론

1. 구원의 삼중의미

고대 도시 폼페이에서 발굴된 모자이크 그림 중에 '메멘토 모리(memento mori)'라는 그림이 있다. 메멘토 모리는 라틴어로 '죽음을 생각하라'는 뜻으로 기원전 30년에서 서기 14년 사이에 제작된 것으로 추정한다. 그림의 내용을 보면 직각을 이루는 해골 그림의 측량자의 추가 가운데 있다. 해골의 밑에는 나비와 바퀴가 있다. 측량자의 양쪽 끝에는 각각 두 가지 물건이 매달려 있으며 이것들은 똑같은 무게로 팽팽한 균형을 유지한다. 측량자의 왼쪽에는 왕홀과 왕관, 황제가 입는 보라색 옷(紫衣)이 매달려 있는데 이것은 부와 권력을 상징한다. 오른쪽에는 거지의 지팡이와 가방, 누더기들이 있는데 이것은 가난을 상징한다. 가운데 해골로 죽음을, 해골 아래에 있는 나비는 영혼을, 그 아래의 바퀴는 운명을 각각 의미한다.

측량자에 달린 이 그림은 세상살이의 극과 극인 상반된 두 가지 요소를 상징하며 이것은 또한 죽음 앞에서는 똑같은 무게를 지닐 수밖에 없음을 의미하는 그림이다. 죽음 앞에서는 모두가 완전히 평등한 것이다. 라틴어인 '메멘토 모리'라는 말은 로마제국 시대에 개선장군이 로마에 들어와 개선식을 할 때에도 쓰였다. 개선장군의 뒤에는 월계관을 오른손에 든 노예가 바짝 붙어 서서 '메멘토 모리'를 외치며 개선장군도 결국은 죽을 수밖에 없는 인간임을 계속하여 깨우쳐 준다.

아일랜드의 유명한 극작가 버나드 쇼의 묘비명에는 다음과 같은 글귀가 적혀있다.

"I knew if I stayed around long enough, something like this would happen."

해석해 보면
"충분히 오래 머무르노라면, 이러한 일(죽음)이 일어나리란 걸 나는 (살아생전에) 이미 알고 있었노라."

이 역시 인간은 누구나 죽음을 피할 수 없는 존재임을 깨우쳐 주는 글귀이다.

기독교의 구원론은 사람이라면 누구나 피할 수 없는 바로 이 죽음의 문제와 깊이 관련되어 있다. 구원이란 1차적으로 누구나 피할 수 없는 이 죽음의 문제에 대한 해결이다. 그런데 기독교에서는 사람이 죽을 수 밖에 없는 존재가 된 이유가 바로 '죄'에서 비롯되었다고 보고 있다.

"죄가 세상에 들어오고 죄로 말미암아 사망이 들어왔나니 이와 같이 모든 사람이 죄를 지었으므로 사망이 모든 사람에게 이르렀느니라." (롬5:12)

"죄의 삯은 사망이요" (롬6:23)

따라서 기독교가 말하는 '구원이란 죽음의 문제 해결'이요, 죽음의 원인이 된 '죄의 해결'을 의미한다. 그런데 이 구원은 '과거와 현재, 그리고 미래의 사건'으로서의 삼중의 의미를 가지고 있다.

1) 과거사건으로서의 구원(Salvation as a past Event)

첫째로, 기독교의 구원론은 과거에 이미 예수 그리스도의 십자가로 인해 성취된 과거사건으로서의 구원이다. 구원은 예수 그리스도의 십자가사건으로 이미 성취되었다. 예수 그리스도가 십자가에서 큰 목소리로 외친 "다 이루었다(테텔레스타이)"(요19:39)는 선언은 완료시제로서 이것은 '이미 지불해 버렸고 앞으로도 영원히 지불된 상태로 남아 있을 것이다'란 의미를 가진 용어이다. 따라서 구원이란 '십자가 위에서 성취된 그리스도 사역을 회고하는 것'이고 '십자가에서 이룩하신 은총 안에서 신자가 누리는 덕을 회고하는 것'이다.

이것을 세 가지 단계로 풀어보면 구속, 의인, 화해라는 단어로 요약할 수 있다. 구원은 첫 번째 단계로 죄의 노예, 죄인으로 결박된 인간을 예수 그리스도가 십자가의 죽음으로 값을 지불해서 자유를 얻게 하였으며(구속) 또한 두 번째 단계로, 죄인인 인간은 이제 무죄로 사면 받아 하나님과 바른 관계를 갖게 된 의인이 되었고 이로써 세 번째 단계로, 하나님과 화해된 존재가 되었다. 이것이 예수 그리스도의 십자가로 이루어진 과거사건으로서의 구원이다.

2) 현재경험으로서의 구원
(Salvation as a present experience)

둘째로, 기독교의 구원론은 과거에 이루어진 사건이면서 동시에 현재에도 경험되는 현재경험으로서의 구원이다. 구원은 현재진행적인 성격을 띠고 있다. 이것을 쉬운 말로 '그리스도 안에서의 삶'이라고도 하고 '성령 안에서의 삶' 혹은 '그리스도의 공동체 안에서의 삶(이것을 기독교에서는 그리스도의 몸된 교회 안에서의 삶이라고도 한다)'이라고도 한다.

이 현재경험으로서의 구원은 성령과 교회와 연관된다. 성령은 사람들 속에서 역사하시는 그리스도 안에 계신 하나님이시다. 성령은 그리스도인으로 하여금 믿음을 주고 그리스도인과 함께 하며 그를 돕고 영감을 불어넣으며 용기와 지혜를 주시고 나아가 그리스도인으로 하여금 거룩하게 살도록 하시는 하나님의 영이시다. 이 성령으로 말미암아 구원은 현재적으로 경험되며 현재적인 역사를 이루게 된다. 한편, 성령이 새로운 삶의 동력이라면 그 새로운 삶 속에서 성령이 역사하는 영역이 교회이다. 교회는 하나님의 진정한 백성들의 모임 그 자체이며 '그리스도의 몸'이다. 따라서 구원은 성령과 함께 동시에

교회공동체 안에 거함으로써 현재적 경험을 가지게 되는 것이
다.

3) 미래희망으로서의 구원(Salvation as a Future Hope)

셋째로, 기독교의 구원론은 미래희망으로서의 구원이다. '구원을 얻을 것이다'라는 '소테소메다'라는 동사는 미래수동형의 동사이다. 미래사건으로서의 구원은 두 가지의 경우가 있는데 하나는 장차 불신자에게 나타나게 될 심판의 상황에서의 구원을 말하는 것과 다른 하나는, 예수 그리스도의 부활로 말미암아 믿는 사람들에게 장차 나타나게 될 부활의 구원이다. 따라서 구원 얻은 신자에게는 현재에 환난과 고난도 있지만 반드시 미래에 세상이 알지 못하는 평화와 기쁨 그리고 희망이 기다리고 있다는 미래희망으로서의 구원이다.

그래서 기독교에서는 예수 믿고 천국가라는 희망의 메시지를 전한다. 구원은 아직 완전히 실현되지 않았다. 완전한 구원의 실현은 아직 미래로 남아 있다. 구원은 장차 예수 그리스도가 다시 와서 이루시는 새 하늘과 새 땅의 천국에서 완전히 실현되며 예수 그리스도처럼 새로운 부활의 몸을 입고서야 온전히 이루어지는 미래희망이다.

이처럼 기독교의 구원론은 예수 그리스도로 인해 과거에 이미 이루어졌으며 그리고 현재적 경험인 동시에 아직 실현되지 않은 희망의 미래로서 삼중의 의미를 가지고 있는 구원론이다.

2. 구원의 효력

구원에 대한 일반적 질문은 "구원받기 위해서는 내가 무엇을 해야 하는가?"이다. 그러나 기독교에서는 구원의 그 비결을 우선 하나님에게서 찾는다. 구원을 위해 내가 무엇을 하기 이전에 이미 하나님이 나를 위해 하신 일에서 구원은 시작된다.

"너희는 그 은혜에 의하여 믿음으로 말미암아 구원을 받았으니 이것은 너희에게서 난 것이 아니요 하나님의 선물이라. 행위에서 난 것이 아니니 이는 누구든지 자랑하지 못하게 함이라." (엡 2:8~9)

구원을 위해 어떤 행위도 필요 없다. 구원은 이미 하나님의 선물로 주어졌다. 사람이 할 수 있는 일이란 그저 감사하게 그것을 받는 것뿐이다. 하나님의 선물인 구원을 사람이 감사로 받아들이는 것을 기독교에서는 '믿음'이라고 부른다. 믿음은 구원을 위해 하나님을 향해 사람이 최소한 해야 하는 인격적 응답이다. 결코 자랑할 만한 선행이 아니다.

구원은 오직 믿음으로 가능하다. 믿음이 하나님이 정하신 인간 구원의 비결이다. 이러한 기독교의 구원론은 인간중심의 구원론을 생각하는 일반적 견해와는 사뭇 다른 것이기에 구원의 방법에 대한 이러한 기독교의 대답을 듣노라면 많은 사람들은 기독교의 구원론에 대하여 당황하게 된다. 너무 간단하고 쉬운 방법이기 때문이다. 이렇게 간단하게 사람의 죽음과 죄 문제를 해결할 수 있다는 말인가! 한번쯤은 놀라서 의아해하게 된다.

그러나 앞에서 살펴본바 대로 기독교의 삼중의 구원론을 알면 이해하기 쉽다. 사람이 구원받기 위해 해야 할 최고지순의 선한 공로행위와 죄의 대가를 예수 그리스도가 우리를 대신하여 십자가로 다 실천했고, 그 값을 이미 지불했다. 그래서 또다시 사람이 어떤 공로행위를 할 필요가 없는 것이다. 예수 그리스도가 우리 죄를 다 짊어지고 대신 십자가에서 피를 흘리고 죽으심으로써 하나님은 인간의 모든 죄를 다 용서해 주셨다. 또한 예수 그리스도가 죽음을 이기고 부활하시므로 구원의 확증, 구원자 되심의 확증을 보여주셨다. 우리는 불완전하고 확인되지 않은 구원이 아니라 확실하게 확인된 구원의 길을 보고 알게 된 것이다. 그러므로 사람의 어떤 행위가 필요없다. 구원을 위해 하나님이 사람 대신 인간이 되셔서 하나님을 만족시킬만한 행위를 다 행하셨다. 그래서 구원은 이제 하나님이 주시는 선물이 되었다. 인간은 그 선물을 감사로 받기만 하면 된다. 예수 그리스도를 통해 주신 죄 용서, 부활의 능력 그 효력은 이제 사람에게도 효력을 가져왔다. 그 효력이 미치는 방법이 바로 '믿음'이다. 예수를 그리스도로 믿고 받아들이면 예수가 가져온 구원의 효력은 이제 나에게도 전가된다. 나에게도 동일한 효력을 발휘한다. 이것이 구원이다.

그러면 믿음이란 어떤 것인가? 믿음이란 복음 −복음에 관해서는 다음 장에서 자세히 다룰 것이다− 에 반응하고 이를 적극적으로 수용하는 인간 쪽의 마음 자세를 일컫는다. 이 믿음은 모든 사람에게 차별 없이 적용되는 구원의 절대적인 조건이 된다. 구원의 주도권이 하나님에게 있다고 하지만 그 구원에 대한 믿음이 없는 인간들조차 하나님이 구원하실 수 있는 것은 아니다. 이는 마치 먹지 않고자 하는 자에게 억지로 입을 벌려 음식을 쑤셔 넣는 행위처럼 무모하고 잔인한 고문이 되기 때문이다.

또한, 무엇을 또는 누구를 믿는가? 그 믿음의 대상은 일차적으로 복음의 메시지인 예수 그리스도 그 복음의 기원인 하나님과 그 능력 등에 대한 신뢰를 포괄한다. '믿는다' 라는 표현의 헬라어 여격 분사 '피스튜온티'는 시제가 현재형이다. 이는 그리스도인의 믿음이 단회적인 사건이나 일시적인 행위라기보다 일관되게 삶 속을 흐르는 현재진행형의 과정이라는 것을 암시하고 있다. 따라서 '믿습니다'라는 일시적 고백만으로 신앙을 자동화하고 이를 실천하는 신실한 삶이 뒷받침하지 못할 때 그 믿음은 구원과 역행하게 된다. 기독교의 믿음은 마음과 행동이 함께 하여 그리스도를 인격적으로 받아들이고 그의 삶을 따라 사는 현재형이다.

3. 구원의 순서와 단계

흔히 기독교의 구원은 믿기만 하면 되는 단순한 구조의 구원론으로 생각한다. 맞는 말이다. 그러나 이것은 구원의 한 단면만 본 것이다. 기독교가 말하는 구원에는 몇 개의 단계와 순서가 있다. 구원은 몇 단계의 순서를 통해 이뤄진다. 그러나 이것은 어디까지나 시간상의 순서를 논리적으로 구분한 것일 뿐이다.

웨슬리안 계열(성결교, 감리교 등)에서는 하나님의 구원의 순서와 단계를 하나님의 은혜의 역사순서로 이해한다. 구원은 전적인 하나님의 은혜의 역사이다. 그러나 특별히 구원의 시작과 마지막은 사람의 호응이나 능력이 전혀 관계치 못하고 전적으로 하나님만이 역사하시는 은혜로 가능하다. 구원의 순서와 단계는 하나님의 은혜가 어떻게 시간상 역사하는가의 논리상의 단계일 뿐이다.

하나님 구원의 은혜는 제일 먼저 선행적 은혜(Preventing Grace)로 시작된다. 이것이 구원의 첫 단계이다. 선행적 은혜란 사람으로 깨우치고, 회개하게 하고 믿음을 갖게 하는 은혜이다. 그러고 보니 믿음도 하나님의 은혜이다. 이 선행적 은혜로 말미암아 깨우치는 은혜(Convincing Grace) 곧 믿음을 갖게 된다. 그리고 의롭게 하는 은혜(Justifying Grace)로, 또 성결케 하는 은혜(Sanctifying Grace)로, 그 다음에는 마지막 단계로 영화롭게 하는 은혜(Glorifying Grace)로 인해 사람은 구원을 받는다.

구원은 죄인인 인간이 의인이 되어서 주어지는 것이 아니다. 단지 믿음을 통해 하나님이 인간을 '의롭다 여겨주셔서' 받게 된 신비의 역사이다. 이러한 죄인이 의인이 되는 것을 '칭의(稱義, Justification)'라고 한다. 인간에게는 의(the righteousness)가 없다. 의란, 하나님이 인간들을 악으로부터 보호하시고, 그들의 죄에서 구원하시는 하나님의 행동이다. 의는 애초부터 사람의 것이 아니다. 사람의 힘으로 얻을 수 있는 것이 아니다. 하나님이 주실 때 단지 감사로 받을 수 있는 것이다. 그래서 죄인인 인간이 하나님의 의를 얻어 의롭게 되는 길은 '단지 그리스도를 믿음으로 의롭다 여김을 받는 것뿐이다.' 이런 믿음을 갖게 하는 것이 선행적 은혜이다. 이 선행적 은혜로 말미암아 사람은 믿음을 갖게 되었고, 믿음으로 말미암아 칭의를 얻게 된다.

칭의를 얻었다고 모든 죄가 완전히 사라진 것은 아니다. 하나님은 그를 의롭다 여겨 주셨지만 이것으로 인간의 죄가 없어진 것은 아니다. 말 그대로 의롭다 칭함을 받았을 뿐이다. 칭의를 얻은 인간은 잠재적으로 의롭게 된 것이다. 의인으로서의 완전한 완성은 아직 이루지 못했지만, 그리스도가 성취한 사역에 의존한 믿음 덕분에 그는 마음과 목적에 있어서 의롭게 된 것이다. 그래서 칭의를 얻은 인간은 마치 갓 태어난 아이처럼 영적으로 갓난아이다. 칭의를 얻은 것은 이제부터 비로소 영적으로 성장을 시작하여 온전하게 되도록 부름을 받은 것이다.

기독교에서는 믿음으로 칭의를 얻어 의롭게 된 상태, 영적으로 새롭게 막 태어난 상태를 중생(重生, Regeneration) 혹은 거듭남이라 한다. 시간상으로 보면 칭의가 있고 그리고 이어서 중생이 따른다. 중생한 다음에는 이제는 죄에 대하여 의연한 영적 어른으로 성장해 가야 한다. 그리고 마침내 부활의 몸을 입는 영화로운 존재가 되어 완전한 구원을 얻어야 한다. 구원은 그래서 현재진행형이다. 중생과 영화로운 존재됨 사이는 단절된 것이 아니라 계속해서 구원의 은혜가 현재진행형이 될 때 진정한 구원 얻은 성도가 된다. 이 구원의 현재진행형, 영적으로 계속해서 성장하고 성숙해 가는 과정을 기독교에서는 성화(聖化, Sanctification)라고 한다. 이 성화의 과정을 감리교의 창시자요 종교개혁자인 웨슬레는 '성결'이라고도 표현했다. 그리스도인은 성결한 삶을 살아야 한다. 동기와 의도에서 순수해야 하며 예수님의 가르침대로 마음과 뜻을 다하여 하나님을 사랑하고 이웃을 사랑하며 살아야 한다. 마음과 생활, 언어, 행동이 순수하고 사랑으로 가득해야 한다. 이러한 삶이 따르지 않는다면 그런 사람을 진정한 그리스도인이라고 할 수 없다. 성결한 삶을 살지 않는 그리스도인은 진정한 그리스도인이 아니다. 그리스도인은 칭의만 얻고 구원받는 이름만의 그리스도인이 아니라 성화를 통해 구원받는 진정한 그리스도인이 되어야 한다. 여기서 칭의만 얻고 구원받은 구원을 부끄러운 구원이라고 부르고 싶다. 성화를 통해 얻은 구원이 진정으로 값진 구원이다.

그러므로 기독교의 구원론은 그 순서가 특별하다. 착한행실의 삶이 먼저 있고 구원받은 것이 아니라 먼저 구원받고 착한행실의 삶을 살아야 하는 것이다. 구원 이전의 착한행실은 자기 의요, 하나님과 상관없는 착한행실이다. 착한행실도 하나님과 관계할 때 의미가 있다. 하나님과 관계하지 않고 하나님 없이 한 모든 것은 진정한 가치가 없다. 하나님과 함께 하나님과 관계해서 행한 작은 착한행실이 더 가치가 있다.

그리고 마침내 성화의 과정을 통해 예수님처럼 부활의 몸을 얻는 영화(榮化, Gloryfication)의 단계에 이르러 완전한 구원의 역사가 종결되는 것이다. 이것이 기독교의 구원의 순서와 단계들이다.

제5장
기독교의 평화사상

1. 기독교의 평화개념

그리스도인들이 만나면 서로 나누는 인사말에 '샬롬 (Shalom)'이라는 인사말이 있다. 샬롬은 교회에서 자주 사용되는 용어이면서 일반 사람들에게도 많이 알려진 기독교용어이기도 하다. 샬롬이라는 말은 '평화'라는 뜻의 히브리어이다. 지금도 유대인들은 서로 만나면 '살롬'이라고 인사한다. 이 말은 우리나라의 '안녕'이라는 말과 매우 유사하며 그 함축적 의미도 그러하다. 그러나 샬롬이 가지고 있는 의미는 더 포괄적인 내용을 함축하고 있는 용어이다.

구약성경에서 명사 샬롬은 287회 사용되었고, 여기서 파생한 동사는 '살람'으로 '평화롭게하다', '평화롭다'이며 명사 살롬은 '안전하게 하다', '끝나게 하다', '완전하게 하다', '끝마치다' 등의 여러 형태로 쓰이는 동사형 '살렘'으로부터 파생되었다. 샬롬이란 말이 평화란 뜻을 나타내기 위해서 사용되었을 때 그 말을 사용했던 사람들이 본래 바라보았던 것은 총체성, 연합, 완전성, 충만성이 가득한 세상 혹은 인간사회의 상황이었다. 그래서 샬롬의 일차적인 의미는 '어떤 유기체나 인간 공동체, 민족, 가족 등이 손상되지 않고 온전하고 완전하며 안전하게 존재하는 것'을 뜻한다. 더 나아가 샬롬은 전쟁이 중단된 상태가 아니라 전쟁에서의 승리를 통하여 획득되고 유지되는 것으로서 전쟁에서의 승리 자체를 의미하였다.

샬롬은 공동체적인 조화로운 삶을 즐겁고 효과 있게 하는 모든 원천들과 요인들을 가리킨다. 샬롬은 위협의 한 가운데서 존재하는 평안이며, 전쟁과 한발과 맹수들 가운데서 누리는 평안이다. 그 평안은 행복한 날에 느끼는 목가적 평안이 아니다. 사람들이 불안에 항상 직면하고 생존을 위한 투쟁과 시련을 겪는 가운데서 얻는 물질적, 육체적, 역사적 평안이며, 초목과 열매와 원수들 가운데서 체험되는 '구원'이다.

또한 샬롬은 연대적인 평안이다. 그 평안은 모든 공동체, 다시 말하면 소년이나 노인, 부자나 빈자, 힘 있는 자나 그렇지 못한 사람들 모두에게 주어지는 안전과 번영이다. 우리들은 샬롬 안에서 모두 하나이다. 우리 모두는 하나님의 축복 앞에 함께 서 있으며 그 삶의 선물을 함께 받아야한다. 샬롬은 단 한 사람도 결코 소외시키지 않고 모든 사람을 감싸는 공동체에 존재하는 것으로 '개인과 공동체의 조화와 통일'을 의미하는 용어이다.

한편, 신약성경에서는 평화라는 말이 헬라어 '에이레네 (eirene)'라는 말로 사용되었다. 에이레네는 본래 세속 헬라어로서는 전쟁의 반대상태 내지 전쟁의 종식을 뜻하는 말이다. 평화는 질서와 법이 유지되는 상태이며 여기서 복지가 비롯된다고 보았다. 그래서 세속 헬라어로서의 에이레네 개념은 전쟁의 지속상태에서 하나의 막간으로서 이해된 사건들의 상태로 평화의 시간, 혹은 평화의 상태를 의미하며 이것은 본래 휴전을 뜻하는 말이었다.

그러나 신약성경에서 에이레네는 그 의미의 폭이 세속 헬라어보다 더 광범위하다. 그 이유는 그 단어가 기독교신앙과 경험의 배경 속에서 사용되었기 때문이며 또 한편으로는 히브리어 샬롬의 영향이 있었기 때문이다. 신약성경에서 평화의 개념은 전쟁의 반대로 이해되었으며 외적인 안전, 무질서의 반대상태, 사람들 사이의 화해, 메시아적 구원개념으로써 이해된다. 그렇지만 핵심적으로 신약성경의 평화개념은 화해이다. 바로 예수 그리스도가 이 땅에 오시고 십자가에서 죽으신 사건이 화해의 사건이다. 예수 그리스도는 하나님과 세상, 하나님과 인간의 막힌 담을 헐고 평화를 가져온 분이며, 인간은 예수 그리스도를 통하여 하나님과 평화를 누릴 수 있다. 그러므로 신약성경의 평화개념은 하나님의 구원의 은사이며 인간의 종말론적 구원을 의미하는 신학적 의미를 가진 개념이다.

기독교의 평화개념은 하나님과 인간, 인간과 인간, 인간과 세상과의 화해이다. 관계성, 연대성을 가진 평화이다. 그리고 인간의 육체적, 정신적, 영적인 삶을 포함한 총체적 개념의 평화이다. 또한 기독교의 평화개념에는 예수 그리스도가 그 중심에 있다. 예수 그리스도를 떠나서는 평화를 얘기할 수 없다. 평화는 예수 그리스도와의 연대관계 속에서 획득되고 유지되는 것이다. 예수 그리스도 자신이 평화요 평화의 왕으로서 오셨다(히7:2). 기독교의 평화는 그리스도의 평화(골3:15)이며 하나님과 예수 그리스도의 선물(롬1:7)이다.

2. 기독교의 평화사상

기독교는 본질적으로 평화의 종교이다. 따라서 기독교는 인류역사에 나타나면서부터 역사의 흐름과 함께 하며 갈등, 미움, 전쟁이 있는 곳에 항상 평화를 가져다주는 평화의 사자,

더 나아가서는 평화의 원천이라는 역할을 담당했다.

예수께서 탄생하셨을 때 "하늘 높은 곳에서는 하나님께 영광이요, 땅에서는 마음이 착한 이들에게 평화"(눅2:14)라고 천사들이 노래하였다. 또한 예수 그리스도는 부활하신 후 제자들 앞에 나타나실 때마다 그들에게 "너희에게 평화가 있기를!"(눅24:36) 하고 인사를 하였다. 예수는 평화의 사자로 이 땅에 오셨고 사람과 하나님과의 평화, 사람과 사람 사이의 평화, 사람과 자연만물과의 평화를 위해 십자가를 지시고 돌아가셨다. 그리고 부활하신 후에도 평화의 인사와 평화의 기원을 잊지 않으셨다.

그리스도의 사역 자체가 세상의 화해를 위한 것이었다. 그의 구원하시고 구속하시는 사역을 통해 그리스도는 타락한 인간에게 하나님의 평화를 얻는 길을 보여 주셨으며 그는 복음 안에 하나님의 정의를 계시하셨다. 예수 그리스도는 평화의 종(엡2:13~19)으로 이 땅에 오셨으며 분단과 갈등과 억압의 역사 속에서 평화와 화해와 해방의 하나님 나라를 선포하셨다(눅6:18, 요14:27). 그러므로 기독교는 본질적으로 평화의 종교이며 인류에게 평화를 가져다 주어야하는 사명을 띤 종교이다.

기독교의 평화사상은 몇 가지로 요약할 수 있다.

첫째, 기독교의 평화사상은 하나님께 속했다는 종교적 성격, 개념을 가지고 있다. 평화는 결코 인간적 성취를 통하여 얻어지는 그 어떤 존재론적 상태가 아닌 하나님과의 특수한 관계의 현실 안에서 비로소 이해된다. 그래서 평화는 하나님이 주시는 것이며 하나님이 평화이시다. 하나님이 평화의 창시자이시며 평화의 근원이시다. 하나님이 평화를 주시며 완성하신다. 평화는 하나님이 역사를 통하여 나타내신 구원의 역사 속에 깊이 뿌리 박혀있는 '하나님의 평화계획'이 무엇인지를 깨달음으로써 비로소 형성된 개념이다. 그러므로 평화는 하나님의 선물로 이해한다.

둘째, 기독교의 평화사상은 관계적 개념이다. 하나님과 인간, 인간과 인간, 인간과 자연, 자연과 자연, 하나님과 자연이 바른 관계를 지키며 살아갈 때, 상호 친교 속에서 지낼 때 평화가 이루어진다. 하나님의 형상대로 지음 받은 인간은 땅에서 창조주 하나님의 대리자이며 통치자, 관리인이다. 인간은 세상에서 하나님과 자연의 대리자이며, 자연의 관리자인 인간의 사명은 창조의 질서를 보존하고 유지시키는 것이다. 그런데 이런 책임적 존재인 인간이 타락함으로 말미암아 평화는 파괴되었고 그것은 곧 인간과 하나님의 관계, 인간과 인간과의 관계, 인간과 동물의 관계의 파괴를 낳고 말았다.

신학적 해석으로 볼 때 하나님, 인간, 그리고 자연과의 관계는 계약의 관계이다. 이 계약은 인간과 하나님 사이에 맺은 '평화의 계약'이며 그 관계에서의 신실함 곧 정의롭고 신실하며 다른 사람의 권리를 존중하고 증진시키는 그런 사귐의 친구관계가 평화를 가져다준다.

셋째, 기독교의 평화사상은 미래지향적 기다림이다. 이것은 메시아에 대한 기다림이며 평화에 대한 종말론적 희망을 말한다. 구약성경의 미가선지자는 메시아가 가져올 미래적 평화를 이렇게 노래했다.

"하나님께서 민족사이의 분쟁을 판가름해 주시고 강대국 사이의 시비를 가려 주시리라. 그리되면 나라마다 칼을 쳐서 보습을 만들고 창을 쳐서 낫을 만들리라. 나라와 나라 사이에 칼을 빼어드는 일이 없이 다시는 군사를 훈련하지 아니하리라." (미 4:3~4)

메시아가 궁극적인 평화에 대한 보증이다. 평화는 메시아에 의해 가져오며 메시아가 이루시는 종말론적 희망이다.

넷째, 기독교의 평화사상은 실천적 평화이다. 평화의 현실은 하나님의 사랑과 진실이 평형을 이루어 구현되는 현실 이른바 하나님의 임재와 거주하심이 인간의 응답과 결단을 통하여 보유되는 그 현실이며 평화는 하나님의 사랑과 진실을 모방함으로써 무질서(카오스)와 소외를 근원적으로 해소해가는 실천이다. 인간은 하나님에 의해 규정된 직분과 창조의 질서 속에서 창조주 하나님 앞에서 책임을 져야만 한다. 자연의 질서를 유지하고 보존하는 책임적 존재로 다른 생명체와 함께 동료로서 살아가야 한다. 그래서 그리스도인의 평화의 윤리는 하나님과 그리스도인 사이에 체결된 '평화의 계약'을 지켜나가는 가운데 구현될 수 있는 것이다. 기독교의 평화는 갈등과 적대관계가 우리 안에 생기지 않도록 하나님의 유일한 주권을 확립해가는 사회구조, 이른바 하나님의 평화공동체를 만들어가는 운동과 상응하게 여기게 된다.

3. 기독교의 평화론

　평화란 용어처럼 그 본래의 뜻에서 멀어지고 오해되고 오용되는 말은 많지 않을 것이다. 그것은 우리가 평화를 자명한 것으로 이해하고 있지만 사실은 참된 평화에 대한 정확한 이해가 없을 때 거짓평화가 참된 평화를 대신하여 평화요구를 외치면서 실제로는 평화를 희망하지 않는 기만적이고 허구적인 평화가 현상을 지배하게 된다.

　평화라는 용어는 모든 나라와 종교들 속에 많이 사용되고 있다. 그러나 용어만이 받아들여질 뿐 기독교인 안에서도 기독교적인 의미와는 다르게 사용되는 것들이 비일비재하다. 기독교적인 의미와 세속주의적인 의미 사이의 괴리는 평화란 용어를 모호하고 이중적 의미를 가진 의심스러운 것으로 만들 우려가 있다. 기독교에서 평화추구의 노력은 오랜 역사를 갖는다. 그러나 평화를 추구한다고 할 때 어떤 평화사상을 가지고 있느냐에 따라 평화의 성격은 다르게 나타난다. 기독교인조차 성경적인 평화론을 가지지 못하고 세속적이며 현실주의적인 평화론을 주장하는 사례들이 얼마나 많이 있는지 모른다.

　다음의 몇 가지 평화론들은 기독교내에서 주창되어온 평화론들이다.

기독교내의 평화론 중의 하나는 첫째로, '로마의 평화론 (Pax Romana)'이다.

　'로마의 평화론(팍스로마나)'이란 승리와 힘을 바탕으로한 평화, 폭력에 의한 평화, 무력에 의한 "평화질서"를 말한다. 팍스(Pax)라는 단어는 계약, 즉 서로 싸우지 않겠다는 동의와 같은 어근에서 나온 말이다. 그래서 팍스는 법적인 계약관계를 통해서 형성된 결과의 평화이며 이것은 평안뿐만 아니라 평정, 휴식, 안식 등과 연결된 평화이다. 강력한 군사적 힘을 가진 로마의 통치하에 힘없는 소수민족은 감히 로마를 넘보고 전쟁을 일으킬 수 없는 상태가 된다. 이것이 팍스로마나식의 평화이다. 로마의 평화는 로마황제와 그 휘하에 있던 최고 관리들이 정치적으로 원했던 바이며 그의 군대의 성공적 작전을 통해서 군사적으로 성립되고 확고하게 된 평화이다. 이 로마의 평화는 지배계층과 권력의 핵심에 있는 수혜자들 입장에서는 최고의 평화이다. 로마의 평화는 그 대가로 정치의 안정, 경제적 부흥, 시민들의 권리확보, 문화의 융성이 주어진다. 그러나 로마에 의해서 지배당하던 민족들의 입장에서 보면 로마의 평화는 자신들의 잔인한 희생의 대가로 지불된 평화이며, 자신들에 대한 무자비한 군사적 탄압의 결과로 유지되는 평화이다. 그러므로 로마의 평화를 파괴하는 자는 합법적 방식으로, 합법이라는 이름으로 평화의 세력에 의해서 제거 당하게 된다.

　두 번째의 평화론은, '정당전쟁론'을 앞세운 평화론이다.

　이 평화론을 제창한 대표적인 사람은 어거스틴이다. 어거스틴은 평화와 질서를 마치 동전의 앞뒷면과 같이 이해하고 평화는 사물의 본래적 질서와 조화를 이룸으로써 얻어지는 것으로 보았다. 어거스틴에게는 예수의 원수 사랑이라는 계명이 외적행동이 아닌 심정적인 문제로 보았다. 그래서 그의 윤리적 내향성은 외적인 폭력을 정당화하는데 기여하였다. 그러다 보니 전쟁은 평화를 위해서 시행될 수 있다는 이른바 '정당전쟁론', '의로운 전쟁론'을 산출했다. 다만 전쟁의 목적은 '평화와 정의의 수립과 수호'라고 보았다. 전쟁은 필연성에 의해서만 실시되어야 한다고 보았는데 그의 정당전쟁론은 전쟁을 정당화하기보다는 제한하려는 의도를 가진 것이었다. 그래서 전쟁을 일으킬 수 있는 이유들을 한정하고 전쟁이 시작되었을 때 전쟁의 파괴성을 억제하려 하였다. 그래서 전쟁을 일으킬 수 있는 5가지의 기준과 파괴를 제한하는 2가지의 기준을 제시했다. 이러한 의도를 가지고 어거스틴이 아무리 전쟁을 하는 정당성과 전쟁을 하는 정당한 방법을 구분했을지라도 그가 한 가지 간과한 것이 있다. 그것은 전쟁이 항상 최후의 수단은 아니며 일단 전쟁이 벌어지면 국제법은 얼마든지 무시될 수 있고, 성공도 항상 예상되는 것은 아니다 라는 점이다.

세 번째의 평화론은, '평화주의자들'의 평화론이다.

'평화주의'는 그 어떤 것이든 간에 생명을 빼앗는 것에 반대하고 그리스도인들의 군복무와 참전을 강력하게 거부한다. 이 입장에서는 일반적으로 모든 형태의 폭력적 행동을 거부한다. 설혹 그것이 더 큰 폭력을 방지하기 위한 것일지라도 말이다. 이들의 평화는 '비폭력 무저항'이다. 이것은 기독교가 탄생한 후 첫 3세기 동안의 교회의 지배적인 견해였다. 평화주의는 종종, 악에게 저항하지 말며, 악을 없애기 위한 악을 쓰지 말라는 예수의 말을 인용함으로써 그들의 주장에 권위를 부여해왔다. 이들은 대부분 예수의 말씀을 문자적으로 받아들인다. 평화주의자는 주후 313년 콘스탄틴 황제의 기독교공인 이후 '시민의무의 불복종'이라는 비판아래 교회에서 주변으로 밀려나거나 아예 교회에서 밀려나 이단으로 간주되기도 하였다. 평화주의 평화론을 지지하는 사람들로는 우리에게도 잘 알려진 발덴시안, 성 프란시스, 위클리프파, 에라스무스, 슈벵크펠트, 톨스토이, 슈바이쳐, 여호와의 증인, 마틴 루터 킹, 마하트

마 간디 등이 있다. 특히 재세례파, 퀘이커파, 형제단은 '역사적 평화교회'라고 불리고 있다. 평화주의자들의 평화론은 입장과 태도가 다소 다른 점이 있기는 하나 공통적으로 비폭력주의이며 대개는 무저항을 평화로 생각한다. 그러나 무저항이라할 때 여기에는 정의실현이 결여된 개념이다. 이들에 대한 오류와 비판은 그 누구보다도 기독교 현실주의자들에 의해 받고있다.

네 번째 평화론은, '기독교 현실주의'의 평화론이다.

이 평화론은 평화주의에 대한 비판으로부터 발생한 평화론이다. 대표적 주창자가 라인홀드 니이버(Reinhold Niebuhr)이다. 니이버는 평화주의와 무저항주의자들의 '사회는 강제력이 없는 무정부적인 원칙에 입각해서 조직될 수 있다.'는 확신을 환상으로 취급하며 평화주의자들을 현대판 기독교완전주의자들로 생각한다. 그에 의하면 평화주의자들은 인간의 본성에 대해서도 잘 알지 못하고 사랑과 법과 죄 사이에 있는 갈등에 관하여도 잘 이해하지 못한 부류이다. 인류 사회를 위한 영속적인 평화는 사람들이 개인적으로 가졌던 양심과 통찰력으로 촉진된 비전이었지 집합적 사람들로는 성취될 수 없는 것으로 본다. 그래서 개인에게서 기대하는 것과 집단에게서 기대하는 것 사이를 구별해야만 한다고 주장한다. 왜냐하면 개인으로는 도덕적이나, 집단적으로는 비도덕적이 되기 때문이다. 그는 개인의 견지에서는 최고의 이상이 비이기성(타인을 위한 삶)이지만, 사회의 관점에서는 최고의 도덕적 이상은 '정의'라고 본다.

이러한 니이버의 입장을 '기독교현실주의'라 하는데 니이버에 있어서 현실주의는 '정치적 현실주의'를 말하며, 이상주의에 대조되는 말이다. 그에 의하면 현대의 평화는 현존하는 권력의 불균형 안에서의 휴전에 불과하다. 평화를 위해 중요한 것은 사회적 평등의 정의이다. 기독교현실주의에서는 평등한 정의가 사회의 가장 합리적이고 궁극적인 목적으로 본다. 왜냐하면 사회는 이기적이고 야수적 집단이기 때문에 사회 안에서는 평화수립 과정에서 강제적 요소들이 인간의 부정을 만들어내기 때문이다. 그러므로 그가 소망하는 미래사회는 완전한 평화와 정의가 있는 이상사회를 만드는 것이 아니라 충분한 정의는 있되 그의 공동사업이 전적인 불행으로 되지 않도록 강제력이 십분 비폭력이 되는 그러한 사회를 만드는 것이다.

기독교현실주의에서 볼 때 권력은 공동체 안에서 평화를 위하여 정의를 희생시키고 또 공동체간의 평화를 파괴시키기도 하므로 평화와 정의수립은 사회전략에 의존해야 한다고 생각한다. 그런데 문제는 이 전략 가운데 평화보장을 위해 불가피한 폭력사용을 인정한다는 것이다. 그러므로 '기독교현실주의는 현대적인 정당전쟁론의 계승'이라 할 수 있다. 이러한 평화론은 오늘날 같은 핵위협의 시대에서 핵의 비축과 개발을 정당화 시켜주는 논리로 사용되고 있다. 특히 지금의 시대는 사회의 구조적 부정의가 그 어떤 시대보다 많으며 핵전쟁의 위협이 도사리고 있고 생태학적 위기가 심각하며 일반적 폭력이 난무한 시대에서 기독교현실주의는 심각하게 고려해야 할 많은 문제를 가지고 있다.

마지막 다섯 번째의 평화론은, '역동적 평화론'이다.

이 평화론의 대표적인 사람은 바이젝커(Carl Friedrich von Weizsacker)이다. 바이젝커는 평화는 "사회적 안목에서 본다면 서로 함께 공존할 수 있는 인간의 능력"을 가리킨다고 본다. 그래서 평화는 '유일한 절대적 평화'가 아니라 '어떤 하나의 평화'에 대한 논술일 뿐이라고 본다. 이 평화론의 중심 근거는 예수께서 "평화를 위해 일 하는 자는 복이 있다."(마5:9)는 산상수훈의 8복의 말씀을 평화이해의 핵심으로 삼는다. 그는 이 말씀을 해석하여 '평화란 만들어지는 어떤 것이다.'라고 본다. 또한 평화란 분명히 하나님의 은총을 통해서 온다. 그 때문에 평화를 위해 일하는 자는 하나님의 자녀들이다. 우리에게는 평화를 수동적으로 기다리는 것이 아니라 오히려 평화를 만들어가는 일이 위임된 것이다. 평화는 역동적인 것이다. 특히 바이젝커는 오늘날 평화사역에서 가장 중요한 것이 전쟁의 극복이라고 본다. 우선적으로 그는 정당전쟁론은 타당치 못하다고 비판한다. 그는 오직 정당한 평화만이 인간의 과제요 사명이라고 여긴다. 이 시대는 특별히 전쟁을 정치적으로, 제도적으로 억제하는 것이야말로 인간생존의 조건이라고 본다. 이러한 이유는 현대 무기기술의 가공할 만한 파괴력에 직면하여서이다. 전쟁은 하나의 정치적 제도이므로 영구히 존속할 수 있는 것은 아니다. 제도로서의 전쟁은 극복되어야만 한다. 그래서 바이젝커의 평화론은 세계적인 정치적 평화추구이다.

나아가 그는 "자연과의 평화가 없으면 인류간의 어떠한 평화도 있을 수 없고, 정의가 없으면 평화도 없고, 평화 없이는 정의는 불가능하다."고 보고 있다. 그래서 역동적 평화론은 자연과 정의와 함께 관련된 평화론이다. 사회정의의 기준 없이는 인간 세계 내에서 어떤 지속적인 평화도 존재치 않는다. 인간이 자연의 자원들을 다 소모해 버리면 사회적 정의도 불가능한 것이다. 즉 자연과의 평화 없이는 인간 사이에 어떤 평화도 있을 수 없으며 역시 마찬가지로 인간 상호간의 평화가 성립되지 않을 때 자연과의 평화도 있을 수 없다고 여긴다.

또 한명의 역동적 평화론자로는 리드케(Gehard Liedke)가 있다. 그는 평화를 "하나의 과정, 하나의 길, 사회를 정의로 지배하는 상태, 삶을 위한 능력과 수단이 공평하게 분배되는 상태"로 이해한다. 그래서 하나님 나라와 모순되기에 극소화 시켜야 하는 것들은 폭력, 가난, 억압, 불안이라고 지적하며, 이러한 것들은 우리의 삶의 정황에서 성경이 죄라고 부르는바 하나님에 대한 인간의 관계에 있어서의 비평화를 나타내고 있다고 본다. 그래서 기독교신앙은 폭력, 가난, 억압, 불안의 종말을 희망하며 하나님이 가져올 때까지 이것과 투쟁하는 정의를 요청한다고 보고 있다.

이상이 기독교내에서 주창되고 있는 평화론들이다. 기독교내에서도 평화에 대한 개념과 해석이 다소 차이가 있는 것이 사실이다. 그래서 시대에 따라 기독교내의 각 교단이 가지고 있는 신학적 입장에 따라 지지하는 입장이 다소 차이를 보여왔다. 그러나 기독교 평화론은 시대의 사상, 환경과 무관하지 않다. 이런 다양한 평화론이 가능했던 것은 어쩌면 예수께서 말씀하신 평화의 사상을 그 시대에 맞게 적용해서 시대정신과 접목시켜 어느 특정 한 부분을 강조했다고 볼 수 있다. 어느 평화론을 지지하던 완전한 기독교의 평화사상을 다 설명할 수는 없다. 또한 그 시대에서는 통용되고 받아들인 평화론 일찌라도 시대가 변하면서 때로는 역사 안에서 많은 비평을 받기도 하였다. 그러나 어떤 평화론이든 한 가지 공통적인 것은 평화는 반드시 정의와 함께 공존한다는 점이다. 평화 없는 정의, 정의 없는 평화는 있을 수 없다. 기독교평화론은 그 정의의 실현을 위한 무력사용의 정도와 정의실현을 위한 실천운동이 어떤 것이어야 하는가가 문제로 남아 있을 뿐이다.

기독교는 분명 평화의 종교이다. 평화를 지향한다. 그러나 그 평화의 개념이 고정화되고 독선적이 된다면 그는 매우 위험한 결과를 초래할 수 있다. 역사 안에서는 평화라는 이름으로 얼마나 많은 억압과 악행이 자자했는지 모른다. 그래서 기독교는 계속해서 개혁되어야 진정한 기독교가 된다. 계속적인 자기반성과 성찰을 거듭해야 한다. 우리에게 있어서 위험한 것은 자기반성과 성찰 없이 역사를 두려워하지 않는 평화사상에 빠져 있는 것이다. 오류와 실수는 인정하고 하나님과 역사 앞에서 회개하고 반성할 줄 아는 것이 어떤 평화론을 지지하는 것보다 우선되어야 하는 기독교인의 바른 자세이다.

제6장
기독교의 세상문화이해

1. 초기기독교의 세상문화이해

초기기독교는 다양한 문화와 전통을 인정하였다. 사도 바울은 복음의 절대성에 대하여 강력한 입장을 취하였지만 문화적 형식에 대해서는 완전히 열린 자세를 취하였다. 그는 문화적 폐쇄성이 그리스도 안에서 극복된 것으로 보고 문화의 상대론을 수용하면서 복음의 효율적 전달을 위해서 문화의 자유를 향유하였다. 그의 유일한 관심은 문화적 형식에 관계없이 복음이 효율적으로 전달되어 구원에 이를 수 있는 '수용자 중심의 전달방법'을 채택하였다. 따라서 그는 여러 사람에게 여러 모양이 되었다. 그의 세상문화에 대한 이해는 고린도전서 9장 19~27절에 잘 나타나 있다.

"내가 모든 사람에게 자유 하였으나 스스로 모든 사람에게 종이 된 것은 더 많은 사람을 얻고자 함이라. 유대인들에게는 내가

유대인과 같이 된 것은 유대인들을 얻고자 함이요, 율법아래 있는 자들에게는 내가 율법 아래 있지 아니하나 율법아래 있는 자 같이 된 것은 율법 아래 있는 자들을 얻고자 함이요, 율법 없는 자에게는 내가 하나님께는 율법 없는 자가 아니요 도리어 그리스도의 율법 아래 있는 자나 율법 없는 자와 같이 된 것은 율법 없는 자들을 얻고자 함이요, 약한 자들에게는 내가 약한 자와 같이 된 것은 약한 자들을 얻고자 함이요, 여러 사람에게 내가 여러 모양이 된 것은 아무쪼록 몇몇 사람들을 구원코자 함이니, 내가 복음을 위하여 모든 것을 행함은 복음에 참예하고자 함이라."

한편, 부활하신 예수 그리스도의 선교명령을 받은 초대교회는(행1:8) 선교명령을 4단계의 사건을 통해 수행해 나갔다. 1단계는 오순절성령강림과 급성장, 2단계는 스데반의 순교로 시작된 핍박과 유대인 신자의 피난, 3단계는 바울의 회심, 4단계는 고넬료 가정의 회심과 세례, 그리고 나아가 이방인의 유대인적인 할례예식폐지였다. 초대교회가 예수님의 선교명령을 수행하는 과정에서 선교적이고 신학적이며 목회적인 첫 과제가 4단계에서 나타난 사건인 할례예식폐지였다. 이는 기독교가 이방인과 이방세계로 나가기 위해 민족적 우월의식을 버려야만 하는 것이었다. 복음이 이방인에게 전해진다는 것과 할례예식의 폐지는 유대인들에게는 큰 문화충격(Culture Shock)이었다. 성령은 이것을 타개하기 위해 안디옥교회를 세우게 하시고(행11), 바울과 바나바를 선교사로 내보시며(행13), 마침내 예루살렘회의(행15)를 정점으로 초대교회는 다문화수용적태도로 나아가게 되었다. 그리고 이제 복음은 유대인기독교인이 유대인에게 전하는 형식에서, 유대인기독교인이 이방인에게, 이방인기독교인이 이방인에게 전도하며 선교사를 파송하는 일대변화를 가져오게 되었다. 이것은 초대교회와 성경의 전체적 태도이기도 하다. 초대교회는 유대인의 문화를 넘어 모든 족속, 민족으로 예수님의 선교명령을 수행하기 시작했다.

초기기독교는 복음의 절대성에는 강력하였지만 복음을 전달하고 확장하는 과정에서는 다양한 문화에 대해 열린 자세로 수용적 태도를 가졌다. 특히 초기기독교가 유대인 세계에서 이방인 세계로 확장되는 과정에서 바울의 회심과 성령께서 안디옥교회를 세우심, 이방인 고넬료의 회심과 세례, 이것을 통해 회집된 예루살렘회의를 통해 결정된 할례예식의 폐지를 정점으로 완전히 유대인의 민족적 우월의식을 버리고 문화상대론의 입장을 견지하게 된 것이다. 이것은 전적으로 성령의 주도하심과 말씀하심에 기인하며 이런 하나님의 뜻에 순종한 초기기독교인의 태도에서 나타난 것이었다.

2. 기독교선교와 세상문화이해

기독교는 예수님의 선교명령에 따라 세상에 나가 사람들을 예수의 제자로 삼는 선교를 통해 확장되어 왔다. 여기에서 주목할 만한 것은 선교는 기독교 초기부터 교회의 신설을 전제했던 것이었다. 따라서 교회는 선교의 결실이면서 선교를 지향하고 있다. 기독교에 있어서는 선교 없는 교회란 생각도 할 수 없는 것이었다. 예수님의 선교명령에 따르는 일은 기독교의 가장 큰 임무이다.

초기기독교는 고린도, 다메섹, 에뎃사, 칼타고, 데살로니가, 알렉산드리아, 에베소, 안디옥과 같은 대도시들에 세워졌다. 교회는 예루살렘에서 시작되었으나 점차로 로마의 도로체계를 따라 제국의 가장 먼 곳에까지 확장되어 갔다. 기독교는 제국의 주요 상업적, 군사적 대동맥을 따라 퍼져 나갔다. 바울이 선교했던 도시들은 로마행정의 중심지들, 희랍문명의 중심지들, 유대교 영향의 중심지들, 그리고 상업적으로 중요한 의미를 갖는 곳들이었다. 훌륭한 도로, 세계적 언어가 된 헬라어, 사업과 오락을 위해 여행 다니는 유동적 구조 등이 당시 문화의 특징이었으며 교회는 이것을 이용하여 확장되어 갔다. 교회는 처음부터 대도시 중심으로 세워지고 세상 속으로 들어가는 종교였다.

그러나 한편 초기기독교의 내부 상황은 매우 복잡하며 초기 형성단계였다. 초기기독교는 시작과 더불어 외부의 박해 환경이었으며 피신, 순교, 약속과 실패, 배신 등의 난항이었다. 그리고 내부로는 갖가지의 이단사상, 미신, 다른 이교의 영향, 여러 신학적 해석과 논쟁, 문화적 충돌 등으로 인한 갈등으로 복잡하였다. 그 때는 변화무쌍한 정치적, 사회적, 문화적 소요가 복합적으로 얽혀있는 시대였다. 초기기독교에서는 교회의 성장과 개종자들을 받아들이는 일, 여러 다양한 사회적 계층들을 통합하는 일, 그리고 다양한 갈등을 취급해야 하는 도전에 직면해야 했다. 거의 교육을 받지 못한 수많은 이교개종자들이 들어오게 됨에 따라 교회 안에 옛 로마종교들의 사상들과 관습들이 점차 많이 들어오게 되었는데 마술, 마귀들, 말과 표징들의 능력 등이 그 예들이다.

그러므로 기독교는 발생 초기부터 선교를 통해 완전한 문화 수용적인 종교가 되었다. 문화적 충돌로 인한 갈등과 해석, 화합이 늘 기독교의 큰 과제였다. 기독교는 초기부터 로마문명의 도로, 언어, 상업, 정치, 등의 문화 환경을 최대 이용하여 대도시 중심으로 급속도로 확장되어 갔으며, 이방인개종자들의 교회 내 유입과 더불어 그들의 문화, 종교, 관습 등의 유입,

그리고 내부적인 이단사상과 신학적 차이 등의 복잡한 상황과 갈등 속에서 문화수용적인 선교중심의 종교였다.

3. 기독교공인 이후의 세상문화이해

기독교는 초기부터 세상문화와는 큰 충돌이 없었다. 완전한 문화 속의 기독교로, 문화에 대해 열린 기독교로 출발하였다. 그러나 뜻밖에도 초기시대를 지나자 기독교가 맞이한 것은 세대의 교체와 함께 기독교의 로마–국교화, 교회의 사회전면 등장, 심각한 교리적인 논쟁과 갖가지 신학의 난무, 그리고 교회의 고정화된 제도주의였다. 따라서 교회의 성격도 생명력과 역동성보다 형식과 의식, 전통과 교리, 그리고 조직과 제도를 중요시하게 되었다. 그 후 기독교는 오늘에 이르기까지 크거나 작은 부단한 개혁과 갱신의 과정들을 경험하고 있다. 근세에 이르기까지의 기독교는 대부분 교리적 문제와 관련된 논쟁과 개혁이 대부분이었다. 그리고 이러한 논쟁 속에서 어느 시대는 문화에 대해 문을 닫고 또 어느 시대는 문화와 세상의 학문을 활용하는 것을 중요시하고 하는 등 거듭되는 시행착오와 신학적인 논쟁이 거듭되어 왔다.

그러나 현대에 이르러 다원화된 사회를 경험하면서 기독교는 또다시 초기기독교가 가졌던 문화충돌과 개방의 문제를 놓고 고민하게 되었다. 여기에서 문화에 대한 교회들의 태도들과 해석의 차이가 일어나며 교회의 신학적 주제가 되고 있다. 문제는 진지한 성경적, 역사적, 신학적, 목회적인 논의가 아니라 진보와 보수 등의 이념적 갈등만 있다는 것이다. 이제 기독교는 세상문화에 대한 이해를 성경과 초기기독교회로부터 그리고 종교개혁의 근본정신에서부터 다시 배워야만 하는 시기를 맞이하고 있다.

기독교교회는 세상문화에 대해 리처드 니버(H.Richard Niebuhr)에 의하면 다섯 가지의 태도가 있어 왔다고 보고 있다. 문화에 대립하는 유형, 문화에 일치하는 유형, 문화에 초월한 유형, 역설적 관계를 가진 유형, 문화를 변혁하는 입장의 유형이다. 이것은 다시 크게 세 가지로 나눌 수 있는데 세상과의 대립유형과 일치유형 그리고 긍정과 부정을 공유하는 중간유형이다.

또 다른 구분으로는, 문화와 교회와의 완전한 분리성은 지양하지만 어느 정도의 분리는 인정을 하는 유형과 둘째로는, 문화와 교회를 분리하지 않고 완전한 일치성 속에서 보는 유형이며 마지막은, 전자의 견해를 지지하되 그 속에서 구체적인 구분을 시도하여 균형 잡힌 통일성을 주장하는 유형이다.

첫째의 유형은, 문화의 개혁, 변혁이라는 시각으로 문화와 기독교와의 관계를 주장하는 것이고 두 번째의 유형은, 문화를 적극적으로 하나님의 선물로 보아 문화는 교회와 불가분의 관계에 일치된다는 주장이다. 이를 지지하는 자들은 우리는 문화 활동 전 영역에서 주를 섬기며 그의 왕권을 인정하도록 부름을 받았으며 우리의 부름 속에는 성, 속의 분리란 결코 존재하지 않는다는 견해이다. 세 번째의 유형은, 지금까지의 교회의 선교가 복음만 전파했지 그 지역의 사회적, 경제적, 윤리적, 그리고 정치적 발전에는 무관심했다고 보면서 그리스도의 왕 되심은 우리의 전 삶과 문화적인 면을 포함한다고 보는 것이다. 그래서 문화와 교회 사이에는 매우 밀접한 연관성이 있으며 이 양자의 힘과 통일성의 균형이 잘 유지되어야 한다는 견해이다.

　기독교는 역사적으로 시대와 문화 환경에 따라 문화를 대하는 입장을 달리하였지만 중간적인 입장의 유형이 주조였다. 그런 입장의 변화는 기독교의 사회적 위상과 지배적인 문화형태에 따라 일어났다. 초기기독교에서는 그리스-로마 문화나 유대문화에 대해서는 부정적이었으나 기독교가 로마제국의 국교가 되고 유럽이 복음화 되면서 건설된 기독교문화에 대해서는 긍정적이었다. 그러나 서구사회가 세속화되면서 교회는 다시 문화에 대해 부정적인 입장을 취하게 되었다.

지금 우리는 하나의 새로운 시대에 가장 심각한 문제를 맞고 있는데 그것은 우주적이고 영적인 전 세계에 걸친 세속화의 문제이다. 세속화는 두 차원, 곧 개인적 및 집단적으로 일어나는데 우리 시대는 특히 집단적이고 대규모적인 세속화의 문제를 안고 있다. 이는 하나님으로부터의 영적 이탈에서 시작하여 그의 교회로부터의 외형적 이탈로 끝난다. 따라서 현대기독교에서의 세상문화에 대한 중요한 이슈는 죄를 구속하신 그리스도가 문화를 구속하고 그리스도에의 참여가 문화 창조의 전환점이 되게 하는 것이다. 이러한 새로운 문화에 대한 신학적 이해에서 하나님의 나라가 이 땅에 임하게 하려면 문화의 구속이 반드시 이루어져야 한다고 보고 있다.

이렇게 구속이 필요한 세속화된 문화에 대해 현대 신학자 칼 바르트(Karl Barth)는 하나님의 일을 하시는 예수 그리스도의 일에서 그리스도인의 문화 활동의 모범과 패턴을 찾고 하나님의 창조사역을 본받는 우리의 문화 창조사역이 곧 하나님의 일이며 주의 일이라고 그 의의를 높이 평가하였다. 그러므로 그리스도인의 문화사역은 필수적인 의무이며, 그리스도인의 문화 활동은 그리스도에의 참여이며, 성령의 인도에 따라 하나님의 나라를 건설하는 작업이라고 새로운 신학적 해석을 하고 있다.

또한 현대 신학자 틸리히(Paul J. Tillich)도 21세기 문화가 문화에 의미를 부여하는 종교를 배제함으로 문화가 세속화되고 인간에게 의미를 주지 못하고 있다고 주장한다. 그러나 그는 철학적 에로스로서의 문화를 존중하여 문화의 위치와 그 제한을 규명하면서 동시에 계시적 아가페로서의 신학의 위치를 확고히 하려 하였다. 틸리히의 이러한 신학적 이해는 상관적 방법론으로 교회의 임무를 신학과 세속의 문화를 병렬시켜 조화하려는 것으로 이해된다. 그래서 어떤 때에는 교회의 문화적 정황을 생각하기 위해 세속학문이 사용되어야 한다고 본다. 이런 접근방식은 새로운 형태의 교회예배, 교회조직, 교회행정을 여러 각도에서 실험해보는 운동을 일으키게 하였다. 이것은 신학과 최상의 과학적 분석 및 문화적 설명들과의 대화를 통해 교회 주위의 세계에 대해 모든 문을 열어 놓는 신학적 기반이 되게 하였다. 이렇듯 현대교회에서는 문화는 한편 구속이 필요한 세속화된 특징이 있으며 그래서 이 문화를 다시 새롭게 창조하는 일이 중요한 하나님의 일로 여기고 있다. 그래서 현대교회는 지금 오늘날 일어나는 새로운 종교 및 문화현상에 대한 올바른 이해를 가지고 대처할 필요를 느낀다.

지금 기독교는 새로운 사상적, 문화적, 종교적 변화와 직면하고 있다. 그러므로 기독교는 시대의 변화와 영적 분위기를 파악하는데 둔감하여 안일한 자세로 구태의연한 관행만을 계속해서는 안된다. 작금의 다원주의 시대에서 교회가 존속하기 위해서는 그에 적응해야 한다는 현실론이나 현 문화를 부정적으로 평가하고 교회의 합리성을 보다 더 강조해야 한다는 강경론이 있을 수 있으나 시대에 대한 신앙적 반성과 함께 합리성과 종교성이 둘 다 보완이 되는 문화이해가 필요하다. 교회는 시대와 문화 환경 속에서 문화의 구속, 변혁, 활용 등을 과제로 하는 새로운 역할을 필요로 하고 있다.

제7장
기독교의 종말론

1. 기독교종말론의 의미

　기독교의 사상을 논함에 있어 가장 난해하고 많은 이야기 주제를 가진 것이 기독교종말사상에 관한 것일 것이다. 특히 일반인들에게는 시한부 종말사상으로 물의를 일으킨 몇몇 기독교이단들로 인하여 기독교의 사상에 많은 오해를 가지고 있는 사상분야이기도 하다. 한국에서는 지난 1992년에 10월28일에 휴거가 있다는 일부 극단적 시한부종말론의 파급으로 학교나 직장, 가정을 버리고 집단 거주하거나 길거리, 대중이 왕래하는 터미널, 역 주변을 돌아다니며 10월28일 휴거를 외치며 사회적인 혼란을 야기 시키기도 하였다. 그동안 우리사회와 세계 곳곳에서도 극단적이고도 비성경적인 종말론으로 인해 집단자살, 가정파괴, 비사회적 집단행동 등의 사회적으로 심대한 문제들이 있었고, 그런 문제들을 여전히 일으킬 소지를 가진 가장 첨예하고 심오한 사상이 기독교종말론이다.

종말론(Eschatology)이라는 용어는 헬라어로 '에스카토스'로서 마지막이라는 뜻을 의미하고 있다. 종말론이란 간단히 말하면 역사와 시간의 끝과 관계있는 사상과 지식을 말한다. 종말론이란 말은 세상의 종말 시에 나타날 사건들이란 뜻이지만 기독교에서는 이 종말론을 미래적으로만 보는 것은 아니다. 학자에 따라서는 종말을 이미 실현된 종말로 보는 사람도 있다. 이들에게는 종말이란 예수 그리스도 안에서 이미 실현된 현재적 경험이다. 그리고 동시에 미래에 완성되는 미래의 소망이다. 그래서 종말은 미래적 사건이 아니라 현재 진행형 경험이다. 이런 종말론을 '실현된 종말론'이라고 한다. 한편 종말을 완전히 현재와 단절된 철저한 미래적 사건으로서의 종말로 보는 종말론도 있다. 이를 '철저 종말론'이라고 한다. 이 양자는 종말의 성격에 대한 강조의 차이 일뿐 기독교의 종말사상은 분명 역사의 끝을 지향하는 종말사상이다. 종말은 이미 시작되었고 곧 다가온다. 그래서 앞장에서 논한 구원론처럼 기독교의 종말론 역시 '이미'와 '아직'의 두 양면성을 가지고 있다. 기독교의 종말사상은 기독교만의 독특한 사상은 아니다. 이미 구약성경과 유대교의 믿음과 예언 속에서 기대되고 선포된 사상이다. 이런 구약성경과 유대교의 종말사상을 담고 있는 분야를 묵시문학이라고 한다.

묵시문학은 주전 165년 안티오쿠스 4세의 핍박이후 현저하게 발전되기 시작하여 주후 90년 사이에 널리 유행하던 사상으로 구약 예언자들과 페르시아 제국의 종말사상의 영향을 받아 생겨난 사상이다. 특히 구약성경에서는 이사야서(사 24~27, 56~66)와 다니엘서(단7)가 묵시문학의 중심을 이룬다. 유대묵시문학은 대체로 유다왕조말기의 국가적 위기상황과 바벨론 포로시기를 겪으면서 현실과 이상의 괴리사이에서 발생하였다. 왕조의 멸망과 함께 예언자들이 쇠퇴하면서 그들은 고난에 대한 해석에 있어서 사제들의 현실주의에 맞서 비전지향적인 성향을 갖고 있던 사람들을 중심으로 형성되었다. 이 유대묵시문학의 특징은 대체로 상징의 언어사용, 숨겨진 비밀, 익명성, 부활사상, 우주적 종말 등을 다루고 있다. 그런데 이 묵시문학의 종말사상의 중심은 '메시아도래'이다. 메시아가 오시는 날 그가 오시어 통치하는 세상이 묵시문학의 종말사상이다.

예수 그리스도의 가르침의 핵심은 항상 하나님나라에 관한 것이었다. 예수의 비유, 가르침의 대다수가 하나님나라에 관한 것이었다. 하나님나라는 유대교묵시문학의 연속적 종말사상이다. 이렇듯 기독교의 종말사상은 구약성경과 유대교를 배경으로 하고 있다. 이러한 구약성경과 유대교 묵시문학의 배경을 가진 기독교종말론의 의미는 하나님이 역사 안으로 개입하여 들어오셔서 모든 것을 종결짓는다는 의미의 사상이다. 그러나 그 종말은 끝이 아니다. 하나님에 의해 시작되는 '새로운 시작'을 의미한다. 다시 말하여 하나님의 새 시대, 메시아가 온전히 통치하는 시대의 시작을 말한다. 그래서 기독교종말론은 사람들에게 오늘을 살아갈 가장 큰 희망과 용기를 주는 사상이기도 하다. 하나님의 심판과 마지막 날에 대한 기대는 현재를 살아가는 그리스도인들에게는 인내와 희망의 근거요, 정의의 승리에 대한 확신이며, 하나님이 시작하실 새로운 새 시대에 대한 믿음이다.

2. 기독교종말론의 근거

유대교묵시문학과 비교되는 기독교의 독특한 종말사상의 차이점과 근거는 첫째로, 예수 재림에 있다. 예수 재림은 기독교종말론의 근거요 출발점이다.

구약성경에 나타나는 '여호와의 날'은 하나님이 심판하시기 위해 그의 백성에게 찾아오실 임박한 역사상 미래의 어느 날을 가리키는 것으로 보기도 하며 또한 하나님께서 세상에 그의 나라를 이루셔서 신실한 백성에게 구원을 베푸시고 사악한 백성에게는 심판을 베푸실 하나님의 최종적인 임재의 날을 가리키는 것으로 보았다. 이 '여호와의 날'은 다시 신약성경에서 하나님께서 이 세대의 종말을 고하고 새 시대의 장을 열게 되는 날을 특별하게 나타내는 말로 하나님께서 예수 그리스도를 통하여 구속적인 최후의 임재를 나타낼 '예수의 재림의 날'로 재해석되어진다. 이 예수 재림의 날이 기독교가 말하는 종말의 날이다. 이 예수 재림의 날은 예수자신이 그의 제자들에게 약속하시고 교훈하시며, 수차례 언급하신 날이다.

"가서 너희를 위하여 거처를 예비하면 내가 다시 와서 너희를 내게로 영접하여 나 있는 곳에 너희도 있게 하리라." (요14:3)

또한 예수께서 승천하실 때 예수의 승천을 지켜보던 제자들을 향하여 천사도 예수의 재림의 약속을 다시 상기 시켰다.

"올라가실 때에 제자들이 자세히 하늘을 쳐다보고 있는데 흰 옷 입은 두 사람이 그들 곁에 서서 이르되 갈릴리 사람들아 어찌하여 서서 하늘을 쳐다보느냐 너희 가운데서 하늘로 올려 지신 이 예수는 하늘로 가심을 본 그대로 오시리라 하였느니라." (행 1:10~11)

예수 재림의 날은 신약성경에서 '주의 날', '주 예수의 날', '주 예수 그리스도의 날', '그리스도 예수의 날', '그리스도의 날', '그 날' 등으로 불려 지기도 한다. 예수의 재림을 지칭하는 헬라어 용어로는 세 가지 단어가 사용되었다.

첫 번째 용어로는, '임재', '도착'을 의미하는 헬라어 "파루시아"이다. 이 단어는 특별히 왕이나 황제들의 지방방문 등, 고위계층이 찾아오는 의미로 사용된 전문용어이다. 그리스도가 세상 끝에 그리스도 안에서 죽은 자들을 살리시고 백성들을 자신에게로 모으시고, 악을 멸하기 위하여 권능과 영광중에 세상으로 다시 찾아오실 것을 강조한 용어이다.

두 번째 용어로는, '드러내는', 혹은 '노출'을 의미하는 헬라어 "아포칼립시스"이다. 이는 승천하여 하나님의 보좌 우편에 앉아계신 그리스도의 우주적 권능과 영광이 세상에 온전히 드러나게 될 것임을 의미하는 뜻으로 사용된 용어이다, 그리스도는 십자가에 죽기까지 순종하심을 통하여 모든 이름 위에 뛰어난 이름을 가지고 계시며, 높임을 받는 분이 되셨다(빌 2:9). 예수는 지금 하나님의 우편에 계신 왕으로 세상을 통치하고 계신다. 그러나 아직 예수의 통치권과 권세는 세상에 확실하게 드러나지 않았다. 예수의 영광과 권세는 '아포칼립시스'를 통하여 온 세상에 알려지게 될 것이다. 바로 예수의 재림이 세상에 대한 그의 온전한 통치권과 권세를 드러내고, 이 사건을 통하여 마침내 모든 사람은 그의 앞에 무릎을 꿇게 될 것이며, 모든 입으로 그의 권세를 시인할 것이다(빌2:10~11).

세 번째 용어로는, '나타내는'을 의미하는 헬라어 "에피파네이아"이다. 이는 그리스도 재림의 가시성을 나타내는 말이다. 주님의 재림은 은밀하거나 숨겨진 사건이 아니요 하나님의 영광스러운 역사 속에 드러내진 사건이 될 것이다. 예수 자신도 종말의 재림의 날은 공개적이고 만민에게 드러내진 사건이 될 것이라고 하였다.

"그때에 인자의 징조가 하늘에서 보이겠고 그때에 땅의 모든 족속들이 통곡하며 그들이 인자가 구름을 타고 능력과 큰 영광으로 오는 것을 보리라. 저가 큰 나팔 소리와 함께 천사들을 보내리니 저희가 그 택하신 자들을 하늘 이 끝에서 저 끝까지 사방에서 모으리라." (마24:30~31)

예수 재림은 공개적이며 위엄차다. 예수의 재림은 모든 사람을 위한 하나님의 최후사건이다. 그리고 하나님의 구원사역의 완성을 향한 정점이 될 것이다.

기독교종말론의 두 번째 근거와 출발점은 예수의 부활사건이다.

우리 모두의 부활에 대한 희망과 출발점은 예수의 부활에 근거한다. 우리 사람들의 부활의 시기는 예수 그리스도의 재림과 연관되어 일어날 것이다. 재림과 부활은 거의 동시적으로 연결되어 일어날 것이다.

"주께서 호령과 천사장의 소리와 하나님의 나팔로 친히 하늘로 좇아 강림하시리니 그리스도 안에서 죽은 자들이 먼저 일어나고 그 후에 우리 살아남은 자도 저희와 함께 구름 속으로 끌어 올려 공중에서 주를 영접하게 하시리니 그리하여 우리가 항상 주와 함께 있으리라." (살전4:16~17)

우리의 부활은 그리스도의 부활과 관련되어있다. 예수님의 부활은 종말 때의 부활과 관련된 첫 번째 사건이다. 예수의 부활은 종말론적인 사건이 거두게 될 '첫 열매'(고전15:20)이다.

첫 열매는 추수로부터 빌려온 개념으로 첫 열매는 아직 모아지지 않고 예상되어지는 모든 곡식을 대표한다. 또 여기에서 말하는 새로운 추수는 새로운 시대가 오게 될 것을 명백하게 해 주는 증거이다. 부활 시에는 현재의 몸으로 살아날 것이지만 그 몸의 질은 현재와는 질적으로 다른 몸이다. 예수의 부활은 십자가에서 죽은 몸, 그 몸의 부활이었다. 그러나 그 몸은 새로운 신령한 몸이었다. 부활한 몸의 상태는 현재와는 완전히 다르다. 고린도전서 15장에서는 부활의 상태를 이렇게 묘사하고 있다.

"보라 내가 너희에게 비밀을 말하노니 우리가 다 잠잘 것이 아니요 마지막 나팔에 순식간에 홀연히 다 변화하리니 나팔 소리가 나매 죽은 자들이 썩지 아니할 것으로 다시 살고 우리도 변화하리라. 이 썩을 것이 불가불 썩지 아니할 것을 입겠고 이 죽을 것이 죽지 아니함을 입으리로다." (고전15:51~53)

기독교종말론에는 수많은 주제들이 들어있다. 그 주제들 하나하나가 매우 어려운 신학적 내용을 담고 있어 기독교인들조차도 이해하기가 쉽지는 않지만 그 주제들은 모두 예수 그리스도의 재림과 관련되어 발생한다. 예수 재림의 날은 그리스도인에게는 사상과 믿음이 아니라 실제이며 신비이다. 예수 자신의 약속이요, 하나님의 선언이며, 역사요, 반드시 찾아올 미래 사건이며, 가장 강력한 미래희망이다. 예수의 재림은 인간이 상상할 수 없는 미래를 약속한다. 예수의 재림은 많은 사건들을 함께 가져올 것이다. 재림전의 재난과 징조, 모든 죽은 자들의 부활, 하늘로 들리어 올라감(휴거), 천년왕국의 건설, 7년 대 환란, 하늘의 전쟁, 최후의 심판, 하늘의 상급과 형벌, 새 하늘과 새 땅의 창조 등이 예수의 재림이 가져올 사건들이다. 그러나 그 사건에서 가장 중심은 부활사건이 될 것이다.

예수의 재림과 부활사건은 기독교종말론의 근거요 출발점이다. 예수의 재림과 재림과 함께 발생할 사람들의 부활은 인류역사의 새로운 시작이며 인류역사의 종국이다. 기독교종말론은 예수의 재림과 관련되어 동시적으로 연속적으로 일어날 사건들의 내용이다.

3. 기독교종말론의 특징

예수 그리스도가 그의 가르침을 시작하면서 처음 회중을 향해 외친 메시지가 "때가 찼고 하나님의 나라가 가까이 왔으니 회개하고 복음을 믿으라.”(막1:15)이었다. 이는 하나님나라 도래(종말)의 임박성에 대한 외침이었다. 불트만(Rudolf Karl Bultmann)이라는 학자는 유대묵시문학의 종말사상과 예수의 가장 큰 차이가 바로 이 하나님나라의 임박한 도래에 대한 확실성이라고 보았다. 예수에게는 이 확실성이 너무 강력해서 종말사상보다 임박성이 더 큰 주제였으며 하나님나라는 먼 미래가 아니라 가까이에서 그 존재를 느낄 수 있고 그 능력은 경험될 수 있다고 보았다.

로마서 13장 12절의 '밤이 깊고 낮이 가까웠으니', 빌립보서 4장5절의 '주께서 가까우시니라.', 고린도전서 7장 29절의 '때가 단축하여진 고로' 등의 신약성경 구절을 보면 초기기독교인들도 예수의 임박한 재림을 기대했다고 보인다. 어쩌면 신약성경을 기록했던 예수의 제자들은 자기 세대의 생전에 예수 그리스도의 재림이 있을 것으로 기대한 것으로도 보인다. 특히 데살로니가전서 4장 15절에 의하면 '주 강림하실 때까지 우리 살아남아 있는 자도 자는 자들보다 결단코 앞서지 못하리라.'고 한 것으로 보아 종말이 곧 다가 올 것으로 예견한 것으로 생각된다.

기독교종말론에 있어서 중요한 특징이 바로 이 '임박성'에 대한 강조이다. 그러면 이렇게 종말의 임박성을 강조하는 이유가 무엇인가? 또 그것이 의미하는 바는 무엇인가?

베커(Beker)라는 학자는 기독교가 종말의 임박성을 강조하는 의미를 그것의 필연성, 그것의 무예측성, 인내와 초조의 변증법이라는 세 측면에서 설명하였다.

첫째로, 기독교종말론의 임박성에 대한 강조는 종말의 '필연성에 대한 강조'이다.

예수부활의 사건은 종결 혹은 완료된 사건이 아니라 '첫 열매'로서 그것은 죽은 자들의 마지막 부활의 수확 때의 그 실현을 향하도록 긴장시킨다. 그리스도의 부활은 죽은 자들의 미래의 부활을 위한 그 선행적 의미를 갖고 있다. 따라서 그리스도의 부활과 죽은 자들의 마지막 부활 사이에는 필연성이 있다. 그러므로 임박성은 종말은 반드시 이루어진다는 필연성에 대한 강조이다.

둘째로, 기독교종말론의 임박성에 대한 강조는 '무예측성에 대한 강조'이다.

역사의 최종적인 종결 혹은 완료 사건으로서의 예수 재림의 임박한 도래에 대한 희망은 예언(prophecy)의 문제이지 예보

(prediction)의 문제가 아니다. 그래서 예수 재림에 대한 희망은 인간의 계산, 사변, 그리고 예보의 대상이 되면 왜곡될 소지가 있다. 이 희망의 무예측성이 예수 재림의 본질적 특징 중의 하나이다. 그래서 성경에서는 다양한 역사적 사건들로부터 하나님의 다가오는 통치의 날짜 곧 예수 재림의 날짜를 연역하지 않는다. 예수 재림의 임박성은 약속의 하나님에 대하여 근거가 있는 것이지 사람의 사변적인 지식에 의하여 알 수 있는 것 같은 역사적 결정론에 입각해 있지 않다. 그래서 재림의 날짜는 중요치 않다. 만약에 신자들의 관심이 마지막 되어 질 일들에 관심을 가져 예수 재림이 예측 가능한 사건이 되면 약속의 하나님에 대한 절대의존으로서의 기독교신앙은 크게 왜곡될 수 있기 때문이다. 기독교종말론의 무예측성에 대한 특성은 예수의 종말에 대한 교훈에서도 찾아볼 수 있다.

"그 날과 그 때는 아무도 모르나니 하늘에 있는 천사들도, 아들도 모르고 아버지만 아시느니라. 주의하라 깨어 있으라. 그 때가 언제인지 알지 못함이라...그러므로 깨어 있으라...너희가 알지 못함이라." (막13:32~37)

또 초기기독교의 교리적 기초를 세운 신학자요 목회자요 선교사인 사도 바울도 종말의 무예측성을 설파하였다.

"형제들아 때와 시기에 관하여는 너희에게 쓸 것이 없음은 주의 날이 밤에 도적같이 이를 줄을 너희 자신이 자세히 앎이라. 저희가 평안하다, 안전하다 할 그때에 잉태된 여자에게 해산고통이 이름과 같이 멸망이 홀연히 저희에게 이르리니 결단코 피하지 못하리라." (살전5:1~3)

종말의 날짜는 하나님의 절대주권에 속하므로 아무도 모르는 무예측성의 것이며 우리는 다만 경각심을 늦추지 말고 항상 준비하는 태도로 그 날을 기다려야 할뿐이다.

세 번째로, 기독교 종말론의 임박성에 대한 강조는 '신앙생활의 긴장감을 유지시켜주는 변증법적 강조'이다.

종말에 대한 열렬한 기대는 자칫 현실의 삶을 도외시하고 비사회적 이탈행동을 일으키는 등 종말의 영광에 대한 지나친 신비적 기대를 불러일으킬 수 있다. 반대로 종말에 대한 안이한 인식과 기대는 신비감 없고 심판을 두려워하지 않는 현실안주의 안일한 신앙을 갖게 할 수 있다. 따라서 종말의 임박성에 대한 강조는 종말의 필연성을 일깨워 안일한 신앙이 되지 않도록 경각심을 주고, 신앙의 열정이 식지 않게 하려는 목회적 관심과 동시에 지나친 신비주의에 빠져 현실을 외면하고 비사회적인 삶이 되지 않게 하려는 목회적 관심 이 두 가지 측면이 함께 반영된 변증법적 교훈이라고 할 수 있다. 신앙은 지나치게 종말론적 관심에 빠져 윤리적 측면을 도외시 하는 것도 바람직하지 않고, 반대로 종말적 관심을 전혀 도외시한 채 현실문제에만 집착하는 것도 바람직한 태도는 아니다. 이 두 가지 곧 '현실과 희망', '열정과 평정'이 잘 조화된 신앙이 건강한 신앙이며, 종말의 임박성에 대한 강조는 이 두 가지 측면의 신앙을 잘 조화시키기 위한 변증법적 강조인 것이다.

제 3 강

기독교의
역사

제8장
종교개혁이전의 기독교역사

1. 사회와 문화에 끼친 영향

"믿는 사람이 다 함께 있어 모든 물건을 서로 통용하고 또 재산과 소유를 팔아 각 사람의 필요를 따라 나눠 주며 날마다 마음을 같이하여 성전에 모이기를 힘쓰고 집에서 떡을 떼며 기쁨과 순전한 마음으로 음식을 먹고 하나님을 찬미하며 또 온 백성에게 칭송을 받으니 주께서 구원받는 사람을 날마다 더하게 하시니라." (행2:44~47)

이상은 초기기독교 교회의 생활상이며 당시 사회인들의 평가의 요약이라고 할 수 있다. 계급구조가 사라지고, 평등한 경제정의가 실현된 초기기독교의 이런 모습은 처음부터 사회에 큰 파장을 가져왔다. 교회가 발생한 초기기독교 시기의 로마는 엄격한 신분이 구별되던 신분사회였다. 당시 많은 종교들이 특정 계층만을 대상으로 하는 폐쇄적이었던 것에 반해, 기독교는 처음부터 사회적 신분에 관계없이 모든 신분, 모든 계층의 사람들을 받아들이고 형제와 자매로 부르는 유별한 종교였다. 심지어 천한 노예도 교회 안에 받아들였으며, 노예와 주인이 함께 같은 상에서 밥을 먹는 등의 파격적인 성격과 강한 결속력을 지닌 공동체였다. 또한 예수 자신이 인간이 되신 하나님으로서 인간을 사랑하시고 겸비함으로 사람을 섬기신 것처럼 기독교인들도 사회적으로 낮고 천한 사람들을 사랑으로 섬기는 일을 마땅히 여겼다. 기독교인들의 이런 모습은 로마제국의 많은 사람들에게 호기심과 매력을 느끼게 하였으며, 마침내 주후 313년에는 국가로부터 신앙의 자유가 공인되더니, 주후 380년 테오도시우스 황제에 이르러서는 로마의 국교가 되면서 유럽사회 일대에 막대한 영향을 끼치게 되었다.

이후 기독교는 중세시대까지 유럽일대의 정치, 경제, 문화, 풍속 등의 일체를 기독교의 지배아래 두었다. 심지어 고전고대문화에 대한 수용도 기독교의 교의가 허락하는 범위 내에서 또 교회의 실용의 목적에서 허용될 정도였다.

정치면에서는 로마교황이 세속권세를 지배하였다. 교황권은 이노센트(Innocent) 3세 때에(1198~1216) 그 절정에 달하였다. 그는 교황을 '하나님의 대리자'라고 부르도록 했고, 교황은 왕을 세울 수도 폐할 수 도 있다는 주장에 의하여 중세유럽의 제왕들을 굴복시켰다. 그리하여 유럽의 모든 기독교전역에 그의 정치적 권한을 확장시켜 종교지도자일 뿐만 아니라 최대의 세속권력자가 되었다. 또한 7성례도 확정하여 사회의 사상과 생활을 규제하였다.

경제에 있어서도 십자군전쟁(1096~1270) 이후 이교세계로부터 재화를 추구하는 풍조와 상업일반에 대해 사기와 탐욕이 뒤따르자 기독교지도자들은 물질에서 오는 타락은 영혼에 위험하다는 상업관을 심어주었고, 도시발달, 상인단체결성을 낳았으며 경제문제에 〈공정가격〉, 〈이자금지〉의 두 원칙을 만들기도 하였다. 공정가격이란 모든 물품에는 공정가격이 있어서 이상 또는 이하로 매매한다면 자연의 법칙, 신의 규정을 어기는 것이라고 여긴 것이다.

중세시대의 유럽문화는 한마디로 기독교중심의 문화라고 할 수 있다. 좀 더 구체적으로 표현하면 교회중심의 생활문화였다. 교회가 하는 중요한 일은 7성례를 통하여 —세례, 견신례, 성찬, 고해, 종부성사, 신품성사, 혼배성사— 사람들을 천국으로 인도하는 일이었다. 그것은 사람들이 이 세상에 태어나서 죽을 때까지의 모든 생활을 관장하는 것이었다. 사람들은 교회를 떠나서는 공동사회에서 함께 살아갈 수가 없었다. 왜냐하면 교회에서 파문당한 사람은 공동생활에서 제외되었을 뿐 아니라 국법의 보호를 받지 못하였기 때문이다.

교회의 최고무기는 개인에 대한 파문과 공동체, 국가에 대한 종교집행정지이었다. 이는 교회에 들지 않으면 하나님의 나라에 들어갈 수 없고 교회의 규칙을 지키지 않으면 구제받지 못한다고 생각한 당시 사람들에게는 큰 위협이 아닐 수 없었다. 심지어 교회는 봉건제후의 전쟁에까지 간섭하였으며 교회 안에 도망쳐 온 죄인에 대한 보호권을 갖고 있었다. 로마법에 기초를 둔 교회법이 형성되어 성직자는 물론 일반인 일지라도 결혼, 유언, 배교, 이단에 관하여는 교회의 재판을 받아야만 했다. 당시 교회는 오늘의 국가와 같은 역할을 하였다. 사람들은 날 때부터 교회에 속했으며 따라서 교회는 사적, 자발적인 것이 아니라 공적, 관권적인 것이어서 일반사람들의 사유와 행동을 제약하고 강제할 수 있었다.

2. 예술과 문학 분야에 끼친 영향

종교개혁이전의 유럽사회는 모든 예술과 문학은 교회의 건축과 장식과 관련하여 발전하였으며 음악도 교회와 더불어 발전하였다. 특히 기독교는 교회당 건축을 중심으로 건축양식에 큰 지대한 영향을 끼쳤다. 초기기독교시대에 나타난 건축양식

은 로마시대의 공회당이었던 바실리카(Basilica)를 모방한 것
이었으나, 10세기경부터 12세기경까지는 비잔틴양식의 영향
을 다분히 받은 로마네스크(Romanesque)양식이 각국에 유
행하였다. 이것은 기독교신앙심의 엄숙한 안정감을 반영한 것
으로 피사교회당이 그 대표적인 것이다. 13세기경부터는 북부
프랑스를 중심으로 고딕(Gothic)양식이 나타났다. 노트르담과
퀼른교회당이 그 대표적 건축이다.

미술도 교회당건축을 중심으로 발전하여 그 내부 장식으로
서의 회화양식이 형성되었다. 14 · 15세기에는 프레스코를 중
심으로 비잔틴회화 또는 프레스코회화를 형성하였다. 음악역
시 교회와 더불어 발전하였는데 모든 음악은 교회의 예배에
맞추어 작곡되었다. 이렇게 교회당은 그 자체가 눈으로 보고,
귀로 듣는 예술의 장엄한 전당이었다.

문학에 있어서도 역시 그 주류는 성직자의 작품에서 발견되
었다. 따라서 자연스럽게 문학에 있어서는 종교적 색채가 농
후하였고 라틴어로만 쓰여 졌다. 라틴어는 지식계급의 국제어
였으며 그 계급이었던 성직자는 전적으로 라틴어로 설교, 노
래, 글을 썼다. 그러나 일반 대부분의 사람들은 라틴어를 몰
랐으며 그들의 언어는 속어라고 불리었는데 이것이 대중에게
는 모국어였다. 라틴어는 학문의 언어로 학교, 교회, 수도원사

본실의 학자를 위한 교양과 지식의 언어로 국제어로서 문화의 통일을 도우는 역할을 하였다. 또한 정부의 공문서, 법률, 의학, 신학, 철학 등의 논문연구, 역사, 전기 등의 기술에 쓰였으며 교회의 예배언어였다.

역사상 최대의 시인이라 불리는 단테(Alighieri Dante, 1265~1321)의 작품 〈신곡〉 100곡은 지옥, 연옥, 천국의 3편으로 되어져 기독교의 사후세계, 하나님의 나라를 찬미하는 내용으로 되어 있는데 이 작품은 이탈리어로 되어있다. 이후에서야 속어문학이 발생하였다. 고대게르만족의 영웅시에 기독교적 기사도 요소를 가미하여 아름답고 비극적으로 각색한 서사시나 기사문학이 그것이다. 영국과 프랑스에서 읽히는 아더 왕의 이야기 등이 서사시의 대표적 작품이다.

3. 학문과 사상에 끼친 영향

'철학은 신학의 시녀이다.'라고 말할 만큼 종교개혁이전의 기독교는 단순히 철학에 국한되지 않고 널리 사상, 학문의 세계를 지배하였다. 기독교의 사상은 초민족주의 사상을 배경으로 고전연구와 고전문화를 보존하고 대학을 경영하여 법치사상과 인문적 교양을 향상시키고 철학과 예술을 발전시켰다. 종교개혁이전의 유럽사회는 지식계급이 성직자들이었고 교육기관은 교회였다. 이리하여 모든 학문과 사상은 종교와 교회를 위한 것으로 발달했고 신앙은 모든 지식과 학문의 위에 있었다. 이러한 학문을 주도한 자를 '교부'라고 하며 이들의 학문과 사상을 '교부철학'이라 한다. 그 대표가 "어거스틴(354~430)"이다. 그는 신플라톤주의와 기독교사상을 결부시켜 기독교사상의 기초를 확립하였다.

중세후기의 철학은 '스콜라철학'이라 한다. 스콜라철학은 안셀름(Anselm von havelberg, 1033~1109)에 의해 시작되어 토마스 아퀴나스(Thomas Aquinas, 1225~1274)에 의해 그 절정에 이르렀으며, 그의 사상은 후에 데카르트(Rene Descartes, 1596~1650)에 이르기까지 모든 철학의 기초가 되었다. 그 뒤를 이은 둔스 스코투스(J. Duns Scotus, 1266~1303)와 윌리엄 옥캄(William Occam, 1285~1349)은 이성과 신앙의 분리를 주장하여 신비주의를 형성하기도 하였다. 스콜라철학은 사원과 수도원의 학교에서 젊은 성직자가 교사에게서 받은 교육에 기원을 둔 것으로 그 방법은 어떤 문제가 제기되면 이에 대하여 가능한 모든 긍정적 혹은 부정적 답을 인용하고 최후에 결정을 내리고 또 있음직한 이론에 대하여 회답을 부가하는 방식이었다.

종교개혁이전의 유럽사회의 교육이란 따라서 종교교육에 시종되었다. 교회는 학문연구의 중심기관이며 세속교육의 유일한 담당자로서 문화보급에 큰 공헌을 하였다. 12~13세기에 이르러는 교사와 학생으로 조직된 길드(Guild)같은 공동단체가 생겼는데 이 단체는 신사상의 배양에 힘써 오늘날의 대학의 시조가 되었다. 대학(University)의 원어인 Universitas는 원래 조합의 뜻으로 당시 대학은 학생조합, 교사조합, 또는 교사, 학생공동조합에서 운영했다. 대학의 교수과목은 신학, 법학, 의학, 철학의 4부였으며 철학은 문법, 수사, 변증법(논리), 산술, 기하, 천문, 음악의 7과로 분류되었다. 이런 대학은 군주제후로부터 병역 및 납세가 면제되고 특별재판의 혜택을 받아 학문의 자유가 보장되었다. 12세기에 사레루노의 의학교, 볼로냐의 법률학교가 일어나고 이어서 파리에 신학대학이 생겼다. 볼로냐대학에서는 학생조합이 교칙 및 학과목을 정하고 교사를 임명하였고, 파리대학에서는 교사조직이 학교를 운영하였다. 이 밖에 옥스퍼드, 캠브리지, 나폴리대학 등이 생겨났다. 또한 각 지방으로부터 부모를 떠나서 모여든 학도들이 종종 경제사회적인 문제를 일으켜 시당국과 충돌하는 형편이어서 기숙사를 마련하게 되어 '칼리지(College)'의 시초를 이루었는데 소르본느대학이 그 선구자였다. 이렇듯 대학은 교회와 수도원의 영향 하에서 설립되어 독자적이며 자치적인 학문연구기관으로서 또는 교육기관으로 발전하여 장차 근대유럽사회를 발전시키는데 크게 공헌을 하게 된다.

종교개혁이전시대의 기독교의 또 하나의 중요한 영향은 십자군 원정으로부터 시작된다. 이 전쟁의 결과로 종교적으로는 교황의 위신은 떨어졌고, 봉건제후 및 기사는 몰락되고, 중앙집권제 국가가 형성되며, 동서교역은 활성화되고, 동방 비잔틴문화와의 활발한 접촉이 이루어지는 등의 대전환점이 이루어진 것이다. 그러나 문명이란 매우 복잡한 요인들의 결과이기 때문에 한 가지 이유에만 정확한 가치를 부여한다는 것은 어려운 일이다. 십자군원정이 없었어도 유럽은 이 시기에 이런 변화를 맞이하게 되었을지도 모른다. 그러나 변화가 너무도 두드러지기 때문에 최대한의 단일한 영향은 십자군원정의 영향이었다는 결론은 불가피하다.

이처럼 유럽사회에 끼친 기독교의 영향도 마찬가지이다. 분명히 종교개혁이전의 유럽사회는 기독교적인 것과 세속적인 것의 양면을 가지고 양자가 기묘하게 어울려 있었다. 그러나 기독교적인 것으로 인한 변화와 결과가 너무나 두드러지기에 기독교의 영향으로 결론지어지는 것이다.

종교개혁이전시대에 기독교가 유럽사회에 끼친 영향이라는 것은 막대한 것이었다. 그리하여 이 시대를 기독교중심의 문화라고 부르기도 한다. 한 시대를 평가함에 있어서 중요한 것은 어느 관점에서 평가하느냐이다. 중세를 암흑시대로 단정한 것은 휴머니스트들의 관점에서이다. 이 시대는 비록 개성이나 인간성이 충분히 발휘되지는 못했을망정 내세우기에 부족하지 않은 독자적 문화를 발전시킨 시기였다. 대학이나 고딕양식의 건축은 오직 이 시대만이 할 수 있었던 기독교의 공헌이다. 이 시기에는 최고의 학문은 신학이요, 성경은 최고의 권위를 가졌으며 여기에 반대되는 연구의 자유는 일체 허용될 수가 없었다. 이 시대의 한계성이 있었던 것은 바로 이와같은 이지적인 면에 있어서이다. 이런 추론으로 본다면 종교개혁이전에 유럽사회에 끼친 기독교의 영향은 과히 절대적이라 하겠다. 이 시대의 모든 문화, 생활, 사상은 기독교중심의 문화 또는 교회문화시대라고 불러도 될 것이다.

제9장
루터와 칼빈의 신앙개혁운동

1. 루터의 신학사상과 신앙개혁운동

유럽의 근세는 르네상스와 종교개혁으로 시작되었다. 르네상스는 주로 고전문예부흥운동으로 인하여 일어났고, 종교개혁은 성서로 돌아가자는 슬로건처럼 성경의 정신부흥운동, 신앙개혁운동으로 일어났다. 기독교가 신교(개신교)와 구교(로마교회)로 나뉘게 된 종교개혁은 루터에 의해 독일에서 일어난 신앙개혁운동, 칼빈에 의해 스위스 제네바에서 일어난 신앙개혁운동, 영국에서 일어난 신앙개혁운동의 3대 우파 신앙개혁운동과 재세례파, 신령주의파, 그리고 반 삼위일체파로 이어지는 3대 좌파 신앙개혁운동이 있다. 후자에 속하는 신앙개혁운동을 흔히 과격파 신앙개혁운동이라고도 부르는데 그 이유는 전자에 대한 신앙개혁운동에 만족하지 못하고 한쪽으로 너무 기울어지며 성경에 어긋났기 때문이다. 이들은 로마교회뿐만 아니라 우파에게도 배척을 받았다. 그래서 이들의 신앙개혁운동은 한시적인 운동에 불과했다고 말할 수 있다. 그렇지만 이들에게는 우파에서 볼 수 없는 신선함이 있었고 이들은 집단적인 공동체를 거점으로 해서 카리스마적인 권위를 가진 사람들의 운동이었다는 점에 관심을 가져볼 수 있다.

역사상에서 종교개혁이라고 불리는 기독교신앙개혁운동은 루터와 칼빈이라는 대표적 개혁운동가로 대변되고 있다. 이 두 사람의 신학사상과 신앙개혁운동은 기독교신앙개혁운동 정신의 양대 산맥을 이룬다. 이들에게 종교개혁은 분파를 위한 개혁운동이 아니었으며 변질되고 타락한 신앙을 다시 새롭게 하고자한 신앙개혁운동이었다. 그래서 종교개혁이라는 말보다도 신앙개혁운동이라고 부르는 것이 더 마땅하다.

마틴 루터(Martin Luther, 1483~1546)의 신앙개혁운동은 기독교계를 새롭게 하였을 뿐만 아니라 세계사에 새 시대를 도래케 하였다. 1517년 10월 31일 비텐베르크교회당의 문에 붙인 루터의 면죄부(Indulgence) 95개조 반박문은 역사를 바꾸는 시발점이 되었다. 루터의 신앙개혁운동의 기폭제가 된 것은 교황청으로부터 시작된 로마교회의 면죄부판매였다. 로마교회의 가르침은 사람은 완전하게 죄를 고백할 수 없으며, 사제가 부과한 보속행위도 완전하게 행할 수 없으므로 교리적으로 누구든지 영세를 받았으면 지옥에는 가지 않지만 그렇다고 천국에도 가지 못하고 연옥에 갈 수 밖에 없다는 것이었다. 면제부란 본래 십자군전쟁 때 여기에 참가하는 사람을 고무하기 위하여 생긴 것인데 시대가 가면서 변질되어 때로는 금전상의 필요를 충당하는 방법으로 사용되었다. 면제부를 사면 살아있는 사람의 죄의 형벌은 물론 죽어서 연옥에서 고생하는 부모, 친지들의 영혼에게도 효력이 있어 죽은 자의 영혼이 연옥에서 천국으로 간다는 로마교회의 변질된 구원론이었다. 이런 가르침 속에서 1513년 교황의 자리에 오른 레오 10세는 베드로성당의 건축을 계속하기로 하였으나 전임자 율리오스 2세가 남겨놓은 재산을 탕진하고 말았다. 교황청의 재산을 탕진해버린 그로서는 면죄부를 발매하기로 결정했다. 레오 10세가 선포하고 브란덴부르크의 알버트와 마인쯔의 대주교가 징수를 맡고 도미니크파 수도자 요한 테첼(J. Tetzel, 1465~1519)이 판매책을 맡았다.

면제부 판매에 대해 분노한 루터는 이에 대한 95개의 반박 논제를 적어 비텐베르크대학의 교회당정문에 못 박아 게시함으로 루터의 신앙개혁운동은 시작되었다. 루터의 신앙개혁운동을 둘러싸고 정치권력 세력들이 흥망성쇠를 거듭하면서 민족주의가 대두하였다. 또한, 신앙개혁운동에 맞서 반종교개혁의 세력으로서 오늘날의 로마교회가 정립되었다. 나아가 루터의 신앙개혁운동은 단순한 기독교의 한 운동이 아니라 인류의 역사와 문화, 생활, 사고방식, 학문, 정치, 예술 등의 전반을 바꿔놓는 그 중심에 놓이게 되었다.

루터의 신학사상은 1520년에 발표된 그의 4대 소논문들에 집약되어져 있다. 그는 먼저, 1520년 6월 〈선행에 관한 소고〉를 통하여 기독교의 도덕성에 관한 이해에 근본적인 변화를 초래하였다. 이로써 일반 사람들의 일상의 삶에 새로운 가치를 안겨주었다. 선행이란 그리스도를 믿는 믿음을 통하여 수행되기만 한다면 십계명이 요구하고 있는 모든 선행이 다 하나님께 기쁨이 된다는 것이다.

이어서 8월에 두 번째로, 발표된 〈독일 기독교귀족에 보내는 글〉이라는 글을 통하여 교황은 자기둘레에 세 가지 벽을 쌓아 자신을 보호하려고 한다고 비판하였다. 그 세 가지 벽이란, '세속권보다 영적권세가 우월하다.'는 주장, '교황만이 성경을 해석할 수 있다.'는 주장, '개혁회의는 교황만이 소집할 수 있다.'는 주장을 말한다. 이에 대하여 루터는 가차 없이 이를 공격하면서 신앙을 통해 모든 그리스도인들은 하나님 앞에서 신령한 직분을 가지고 있으며 모두가 다 제사장이라는 '만인제사장직'을 주장하였다. 이는 후에 기독교의 직업관에도 영향을 주어 모든 직업은 하나님이 주신 천직이라는 천직사상의 밑거

름이 되었다. 직업은 귀천이 없으며 성직자의 직무만 거룩한 것이 아니고 모든 평범한 사람들의 직무 또는 직업은 세상에서 감당하도록 주신 하나님의 사명으로 이해되었다. 이는 지금까지와는 전혀 다른 새로운 직업관이었다. 또한 세상과 교회를 분리하여 세상에 대해 부정적인 태도를 갖고 있던 사람들로 하여금 기독교인의 사명은 세상을 벗어나 초연한 삶을 사는 것이 아니라 세상 안에서 하나님을 섬기고 이웃을 섬기는 삶임을 가르쳤다. 이것은 사람들에게 세상을 살아가고 바라보는 새로운 세계관이었다.

그 해 10월 6일에 세 번째로, 출판된 〈교회의 바벨론 포수〉는 기독교인 위에 군림하는 수단으로 사용되고 있는 성례전을 공격하였다. 지금까지 기독교역사에 통용되면서 사람들의 생활과 일생을 관리했던 7성례를 취급하면서 이들 중에 진정한 성례는 세례와 성만찬이며, 이것만이 그리스도에 의해 제정된 것이라고 주장하였다. 교회의 포로상태란 세 가지로 일반교인에게 성찬의 잔을 수여하지 않는 것, 성찬식에서 떡과 포도주가 그리스도의 피로 변한다는 화체설, 미사를 주님과의 영적 교제로서 생각하기보다 희생으로 간주하는 잘못된 개념 등이 그것이라고 하였다.

네 번째 소논문은, 11월에 출간한 〈그리스도인의 자유〉이다. 이것에는 로마교황 레오 10세에게 보내는 공개서한이 포함되어 있다. 이 글에서 루터는 영혼의 의와 자유는 외적인 조건에 좌우되는 것이 아니라 하나님 말씀에 의존되어 있으며, 이 말씀은 하나님의 아들에 관한 복음임을 밝히고 있다. 또한 이 복음은 오직 믿음으로만 받을 수 있으며 그리스도에 대한 참된 믿음은 완벽한 구원을 가져다주는 비교할 수 없는 보화라고 하였다. 그러므로 그리스도인은 믿음으로 의롭게 되기 때문에 더 이상 율법의 노예가 되지 않으며 그리스도와 새로운 관계를 통하여 자유를 얻을 수 있다는 것이다.

이후에 루터는 1525년 6월 수녀출신인 보라와 결혼하여 성직자 결혼주의를 실천하였으며 모범적인 가정을 이루었다. 또한, 루터의 신앙개혁운동에 있어서 빼놓을 수 없는 공헌과 영향은 그동안 성직자의 전유물로 여겨졌던 성경을 일반사람들이 읽을 수 있도록 헬라어 원문 성경을 독일어로 번역한 것이다. 이 성경번역과 출판은 유럽인들의 생활과 사상을 바꿔놓는 큰 디딤돌이 되었다. 일반인들이 손에 성경을 들게 되었고 읽게 된 것은 일대 역사였다. 이로써 루터의 신학사상과 신앙개혁운동은 전 유럽인들의 사고방식과 생활방식, 신앙생활방식을 완전히 바꿔놓는 출발점이 되었다.

2. 칼빈의 신학사상과 신앙개혁운동

기독교에서 루터와 함께 대표적인 중요한 신앙개혁운동가는 존 칼빈(John Calvin, 1509~1564)이다. 루터가 제1세대 신앙개혁운동가라면 칼빈은 제2세대의 대표적인 신앙개혁운동가라고 할 수 있다. 칼빈의 신학사상과 신앙개혁운동은 루터와 함께 기독교의 근간이 되는 신학사상 특히 성찬에 대한 해석과 예정론, 그리고 교회조직과 직분제도의 근간을 남겼다. 오늘날 교회에서 목사, 장로, 집사, 교사라고 부르는 직분과 조직이 바로 칼빈의 신학사상과 개혁운동에서 시작되었다. 물론 신약성경에 기록된 초대교회의 역사에도 같은 용어가 나오기는 하지만 오늘날 교회에서 사용되는 개념과 역할, 기능은 신약성경의 그것과 다른 것이며 오늘날 교회의 그것은 칼빈의 신학사상과 가르침을 따른 것이다. 천주교의 미사에서 행해지는 성만찬의 의미와 오늘날 기독교가 예배에서 행해지는 성만찬의 의미로 대체로 받아들이고 있는 해석적 차이를 정립한 것이 칼빈이다. 따라서 칼빈의 신학사상과 개혁운동의 역사는 오늘의 교회와 기독교를 이해하는데 매우 중요한 부분을 차지하고 있다.

칼빈의 신학사상과 신앙개혁운동은 스위스 제네바를 근간으로 하여 이뤄졌다. 제네바는 비록 작은 도시였지만 유럽의 박해받는 기독교인들의 보루이며 피난처의 역할을 하였는데 칼빈은 이 제네바시를 거룩한 공동체로 만들기 위해 성 베드로교회에서 목회하면서 일생의 대부분을 이곳에서 보냈다. 그의 신앙개혁운동은 성찬에 대한 논쟁에서 시작되었다. 1536년 10월 1일부터 8일까지 로잔느에서 열린 종교회의에 참석한 칼빈은 로마교회의 한 수도사와 논쟁을 하게 되었는데 수도사가 교부들의 저서에서 여러 구절들을 인용하면서 로마교회에서 주장하는 '성찬론' -로마교회에서 주장하는 성찬론을 '화체설'이라고 부르는데 이는 성찬식에서 포도주와 빵이 실제 그리스도의 피와 살로 변한다고 해석하고 있는 신학이다.- 이 옳다고 주장함을 듣고 있다가 그들의 오류를 묵과할 수가 없어서 고대교부들의 서적을 자신도 인용하여 그들의 그릇된 견해를 논박하면서 시작되었다. 칼빈의 성찬론은 로마교회의 주장과 대비하여 '성령임재설'이라고 한다. 칼빈은 성찬은 '보이는 하나님의 말씀'이라는 어거스틴의 사상을 인용하여 세례나 성찬은 성령으로 우리의 사죄와 은총의 수락을 입증하는 "표징이요 인장"이라고 하였다. 성찬은 마술적인 것이 아니라 성령이 성례전의 진정한 지배인이라고 하였다. 그는 성찬을 단순한 예수의 죽으심에 대한 기념이 아니라 성찬의 효험은 성령의 힘에 의해 가능하다고 해석하였다. 성찬의 떡과 포도주가 그리스도의 실제 살과 피로 변화하지는 않지만, 그렇다고 단순한 표징도 아니며, 영적인 것을 지표하기 위한 것으로서 그것을 가능케 결합시키시는 분이 바로 성령이라고 해석하고 있다.

또 하나의 칼빈 신학사상의 중심은 '하나님의 주권사상'이었다. 그는 매사에 하나님의 영광을 강조하였는데 하나님 주권사상의 중심이 바로 '예정론'이다. 즉 하나님의 절대주권에 의해 어떤 이는 구원으로 어떤 이는 멸망으로 예정되었다는 것이다. 이 두려운 구원의 예정을 하나님의 영원한 결정이라고 주장하면서 하나님이 한 사람씩의 장래를 결정해 놓으셨는데 인간은 모두 같은 운명으로 창조된 것이 아니라 영원한 생명에, 또는 영원한 멸망에 이르도록 창조되었다는 것이다. 하나님은 창조 이전에 모든 것을 계획하셨다. 그리고 인간의 구원은 오직 선택된 자들 만이며 선택되지 않은 자들은 '말씀'을 듣지 못하거나 또는 듣는다하더라도 무관심하고 우매한 상태에 머물러 있게 된다고 하였다. 그러나 책임은 인간 자신에게 있다. 하나님은 선한 자들의 행위 가운데서와 마찬가지로 악한 자들의 행위 가운데서도 내적으로 역사하신다. 하나님은 그의 목적을 위해서 악을 이용하시기는 하지만 결코 그것을 분부하시지는 않는다. 책임은 인간에게 있다. 인간은 하나님의 섭리의 결정에 따라서 타락하지만 한편, 자기 자신의 허물로 인하여 타락하는 것이다. 그가 주장한 이 예정론은 아직도 많은 논란을 불러일으키고 있다.

칼빈의 교회조직과 직분제도는 1541년 12월 24일에 당시 제네바에 있던 세 교회, 즉 성 베드로교회, 성 제르베교회, 성 마켈렌교회가 모인 총회에서 교회의 직분을 목사, 교사, 장로, 집사의 4개로 구분한 것을 제출하였는데 이것이 채택되어 오늘에 유사하게 이르고 있다.

목사는 하나님의 말씀을 설교하며 성례전을 집행하고 장로의 협조로 회중을 치리한다. 목사는 목사들로 말미암아 이루어진 교육, 시험, 안수례를 받아야 그 자격을 가질 수 있었다. 이같은 직분시험을 통과한 후 소의회의 추천을 받아야 하고, 소의회는 추천 거부권도 가지고 있었다. 결국 시의회의 권한을 인정하므로 말미암아 교회의 권한이 스스로 제한 받도록 하였다.

교사의 직무는 복음의 순정이 무지나 거짓 의견으로 잃어지지 않기 위하여 신도들을 건전한 교리로 교육하는 것이다. 교사와 그 조수는 교회훈련과 교육의 주체이며 엄밀한 시험을 통과하여 목사의 재가를 받아야 한다.

장로는 신자 개개인의 생활을 감시하며 허물 있든지 무절제한 생활하는 자를 친절히 훈계하며 필요 있을 때 우애적인 징벌을 하며 그 행실을 바로잡을 책임단계에서 보고한다. 매 연말 장로들은 정부당국에 나와 보고하고 충실히 임무를 수행한 여부를 당국 앞에 심사를 받고 계속 시무를 허락받을 여부를 알아보아야 했다.

집사는 장로와 동일한 절차로 선출되고 그들은 가난한 자와 병자를 돌아보는 것과 시 병원을 책임져서 운영하는 일과 우매한자를 가르치고 과부 고아를 위하여 특별히 돌보아주고 치료해 주는 일을 맡았다.

한편 교회의 치리를 위하여 목사와 장로가 감찰회를 조직하고 한 달에 한 번씩 모여 교회의 질서를 의논하고 그 대책을 강구하였다. 교회법으로 치리를 받아야 하는 범행에는 성찬질서를 어지럽힘, 목사에게 반항함, 성직매매, 술에 취함 등 이었다.

칼빈의 신앙개혁운동은 세계로 널리 퍼졌다. 화란의 개혁교회, 프랑스의 위그노, 스코틀랜드의 장로교 등은 그의 사상을 따른 교회이다. 특히 한국은 칼빈주의의 장로교회가 절대다수를 차지하고 있으며 기독교 많은 교파들이 신학적인 면에서는 서로 입장을 달리하더라도 그가 만든 교회조직과 직분제도를 따르고 있다.

3. 루터와 칼빈의 신앙개혁운동의 영향

　루터와 칼빈의 신앙개혁운동으로 발생한 만인제사장주의, 천직사상, 귀천 없는 직업관은 자본주의의 기본 원리가 되었다. 〈기독교 윤리와 자본주의 정신〉의 저자인 베버(Max Weber, 1864~1920)는 자본주의가 종교개혁의 직접적인 결과였다고 보았다. 그는 말하기를 "기독교신앙은 근대 자본주의 발전을 위해 필요한 심리적 여건을 제공했다."고 하였다.

　또한 신앙개혁가들의 사상은 민주주의의 기반사상을 마련하였다. 칼빈은 "우리는 통치자에게 복종해야 하지만 그것은 오직 주님 안에서이다. 만일 통치자가 주님의 뜻에 위배되는 일을 명령한다면 우리는 그것을 거부할 수 있다."고 함으로써 봉건주의적인 사고의 틀에서 민주주의적인 사고를 갖도록 가르쳤다. 나아가 칼빈의 제네바 신앙개혁운동과 그로부터 파생된 장로정치제도는 후대 공화제도의 원형으로 평가되고 있으며 1789년에 일어난 프랑스 혁명은 칼빈의 제네바 신앙개혁운동을 모범으로 삼아 일어난 운동으로 평가되기도 하고 있다.

　또한, 신앙개혁운동가들의 성경관은 학문의 새로운 지평을 열었다. 그동안 교회의 간섭과 억압을 받아오던 과학, 의학, 생물학, 천문학 등이 새로운 발전의 시기를 맞이하게 되었다.

성경은 복음을 위한 하나님의 책이지 과학교본이 아니라는 것이 신앙개혁운동가들의 성경관이다. 따라서 하나님에 대한 지식은 그분이 만드신 피조물에 대한 지식을 통해서 얻을 수 있다고 가르침으로써 자연과학연구를 위한 신학적 동기를 부여하였다.

루터와 칼빈의 신앙개혁운동은 유럽일대로 퍼져나갔다. 영국에서는 영국국교회 곧 성공회교회를 탄생시켰고, 스코틀랜드에서는 장로교회가 형성되었는데 이들 스코틀랜드인들이 미국, 호주, 뉴질랜드, 남아프리카 등지에 이민을 함에 따라 장로교의 세계적 확대에 큰 공헌을 했다.

한편, 기독교의 신앙개혁운동에 맞서 로마교회에서는 반종교개혁운동이 일어났다. 로마교회의 반종교개혁운동은 트렌트 공의회를 통해 기독교와 상반되는 교리로써 "행함으로 말미암아 의롭다함을 받는다."는 입장을 천명함으로써 고아원, 양로원 등 많은 사회사업에 공헌을 하게 하였다. 그래서 로마교회는 교회의 의미가 인간이 할 수 있는 최대의 행복과 공리를 누리고자 하는 사회정의실현과 인권운동에 관심을 가지게 함으로써 인본주의적인 종교의 색채를 가지게 되었다. 그리고 이 시기에 9권의 외경을 정경으로 제정하기도 하였다.

또한 기독교에 대응하여 내부적으로는 강한 결속과 교리의 정비, 외부적으로는 적극적인 세계 선교활동을 일으켰는데 우리에게 유명한 '예수회'가 이때 결성되어 기독교에 대하여 가장 적극적인 공세를 취하며 기독교의 확장을 막는 활동을 하였으며 기독교가 우세였던 폴랜드를 로마교회로 돌아오게 하는 등 로마교회 교세 확장에 큰 공헌을 하였다. 우리나라에서는 서강대학이 바로 이 예수회에서 세운 대학이다.

기독교의 신앙개혁운동과 이러한 로마교회의 반종교개혁운동은 결국 유럽 곳곳에 신구교간의 크고 작은 마찰과 무력충돌을 일으켰다. 마침내는 신구교간에 30년 전쟁(1618~1648)이 일어났다. 30년 전쟁은 1618년 보헤미아에서 터져 4차에 걸쳐 30년을 끈 장기적인 종교전쟁이었다. 이 장기적인 전쟁은 주로 독일을 무대로 하여 싸웠기 때문에 독일은 극도로 황폐하여 인구가 1500만에서 600만 이하로 감소되었고 산업은 파괴되었으며 수많은 성직자가 희생되는 등 비극을 남겼다. 이것은 신앙개혁운동 과정에서 발생한 가장 아픈 흔적이라고 할 것이다.

끝으로, 기독교라는 용어에 대해 한 가지 언급을 하고자 한다. 종교개혁이후 발생한 기독교를 흔히 로마교회(구교, 로만

카톨릭)와 대비하여 신교 혹은 개신교라고 부르는데 이는 바람직한 호칭이 아니다. 개신교라는 용어보다는 기독교라고 불러야 한다. 종교개혁이후 기독교는 신교와 구교(로마교회)로 분리되었지만 우리나라 정부가 명명한 종교명칭도 개신교가 아니라 기독교이며, 로마교회는 천주교라고 명명되고 있다. 그래서 우리나라에서는 3대종교라고 할 때 국가가 정한 분류법에 따라 '기독교, 천주교, 불교' 순으로 흔히 '기,천,불' 이라고 부른다. 그러므로 개신교라는 용어보다는 기독교라는 용어 사용이 더 바람직하다.

제10장
종교개혁이후의 기독교역사

1. 계속되는 신앙개혁운동

　　루터와 칼빈의 신앙개혁운동이후의 기독교역사는 신앙개혁운동의 연속사이다. 아니 종교개혁이전의 기독교역사도 신앙개혁운동의 연속사이다. 기독교는 지금도 신앙개혁운동을 멈추지 않고 있다. 신앙개혁운동이 멈춰지고 사라지면 기독교는 기독교가 아니다. 신앙개혁운동가들이 외쳤던 '초대교회로 돌아가자, 성경으로 돌아가자, 오직 하나님의 영광을 위하여, 교회로 교회되게 하라' 등의 모토는 아직도 여전한 기독교의 신앙모토이다. 기독교는 항상 이 모토를 기억하며 끝임 없는 시대반성과 신앙통찰을 해야 한다. 교회는 결코 세상의 죄악으로부터 안전한 무풍지대가 아니다. 완전한 하나님나라도 아니다. 교회는 그래서 계속해서 하나님의 말씀으로 정화되고 교회가 교회됨을 위한 자기 성찰을 지속해야 한다. 계속해서 스스로에게 질문하고 신앙의 현주소를 반성해야 한다. 잠시 안일하여 머물고 있는 순간 자신도 모르게 세상의 것이 들어와 하나님의 교회를 어지럽히게 된다. 그래서 기독교는 항시 신앙개혁운동가들의 모토를 기억하며 잠시나마 세상의 길로, 교회가 가야 할 길이 아닌 다른 길로 가고 있다고 인식되노라면 또 다시 신앙개혁을 통해 교회로 교회되게 해야 한다.

루터와 칼빈의 신앙개혁운동의 정신을 이어 다시한번 신앙개혁운동을 일으킨 것이 영국에서 일어난 '청교도운동'(Puritarism)이다. 영국의 신앙개혁운동은 처음부터 왕실의 가정문제에서 일어난 것이었다. 그 결과로 나타난 것이 영국 국교회, 곧 성공회인데 이것은 신, 구교의 중간적인 입장을 취한 것이었다. 이러한 영국 국교회의 교리, 예배의식, 정치체제 등에 반대하여 이를 개혁하려는 운동으로 일어난 것이 청교도운동이다. 청교도운동은 메리여왕이 로마교회의 재건운동을 하면서 기독교인들을 박해할 때 망명했던 영국 기독교인들은 신앙개혁운동의 본 고장인 독일이나 스위스 지역에 있다가 기독교인인 엘리자베스여왕이 집권하자 이들이 다시 귀국하면서 일어났다. 이들은 깊은 종교적 열정을 가지고 영국국교회에 남아있는 예배에 있어서 로마교회적 의식의 정화와 영적인 설교를 강조하였으며 성직자의 특이한 복장이나 성찬식에서 무릎을 꿇는 것과 같은 구습을 타파할 것을 주장하였다. 이와같이 그들은 영국국교회를 정화(Purify)하려 하였기 때문에 이들을 1560년대 초에 청교도(Puritans)라 불리웠다. 이들은 장로교 청교도주의자들, 회중교파 청교도주의자들, 침례교 청교도주의자들 등이 있었는데 이들의 대체적인 신학적인 입장은 칼빈주의적인 것이었다. 이들이 후에 신앙의 자유를 찾아 1620년 메이 플라워호를 타고 새로운 대륙을 찾아 나서 마침내 신대륙 미국에 도착함으로 미국을 기독교국가로 만드는 역사의 주인공들이 되었다.

또 한 번의 위대한 신앙운동이 17세기에 이르러 독일에서 일어났다. 이 시기에 독일 루터파교회는 영적으로 침체되고 세속화 되었다. 그들은 정통주의를 내세워 교리의 순수성만을 강조하였기 때문에 지엽적인 신학논쟁이 계속되었고 신앙의 힘을 잃고 있었다. 교인들은 교리문답 내용을 알고 예배에 참석하여 교리 설교를 듣는 것으로 신앙생활을 해 나갔다. 회개, 헌신, 봉사도 없었다. 성직자들은 타락했고 신자들은 부도덕한 생활을 하는 자가 많았다. 이와같은 교회의 현실을 보면서 신학이나 교리보다 실제적인 신자의 신앙생활을 강조하고 도덕적인 금욕생활, 사랑과 봉사의 실천을 추구하는 신앙개혁운동이 일어났는데 이것을 '경건주의운동'이라고 한다. 이 운동으로 기독교는 새롭게 활력을 얻었다. 각종 사회사업, 해외선교활동 등을 헌신적으로 수행하여 교회를 새롭게 하였다. 그러나 이들은 너무나 금욕적이고 자기 부정적이어서 다소 자연스런 인간성을 무시하였으며 경건주의자가 아닌 사람을 비판하고 정죄하는 등의 독선과 경건생활을 너무 강조하여 정통적 교리를 소홀히 하고 신학적 무질서를 초래하기도 하였다.

영국에서 일어난 청교도운동은 다시 18세기에 이르러 존 웨슬리(John Wesley, 1703~1791)에 의해 '복음주의운동'으로 새롭게 태어났다. 당시는 산업혁명의 초기로서 도시로의 인구집중, 수공업자들의 파산과 실직, 농촌인구감소, 노동자의 저임금 등 사회문제와 이로 인한 사회적 갈등, 비도덕적 생활, 불법과 범죄가 급증한 사회였다. 웨슬리는 신앙체험과 성경을 강조하면서 한편으로는 실천적인 신앙생활을 강조하였다. 그리하여 그는 영국 사회전반에 대한 개혁운동을 일으켰다. 사회교육운동, 자선사업, 사회봉사활동, 사회 성화운동, 무료진료소운영, 사회봉사센터설립 등 실천적인 신앙을 통해 기독교를 새롭게 하려는 신앙개혁운동을 일으켰다. 이것이 웨슬리의 복음주의운동이며 이 운동과정에서 감리교가 탄생하였다.

영국과 독일을 중심으로 일어난 신앙개혁운동의 열기는 이 제 신대륙 미국으로 이어졌다. 미국에 건너온 청교도들의 신 앙의 뿌리는 18세기 중엽에 있어서 '대각성운동'으로 이어졌 다. 이 운동이 일어나기 직전의 미국의 기독교는 우려할만한 상태에 놓여 있었다. 청교도적인 경건한 신앙풍조는 사라지고 세속적이고 향락적인 물결이 밀려들어 교회출석률은 감소되고 종교의 침체화 현상이 일반화되어 갔다. 이러한 시기에 조나 단 에드워드(Jonathan Edwards, 1703~1758)가 '대각성운동' 을 일으켜 미국교회를 새롭게 하였다. 이 대각성운동으로 말 미암아 미국 사회에 경건의 분위기가 조성되었고 교파간의 장 벽도 무너졌으며 사회개혁에도 새로운 관심이 일어나며 전도 활동도 활발해졌다.

　이 대각성운동은 1800년을 전후하여 다시한번 '대부흥운동' 이라 불리는 신앙개혁운동으로 이어졌다. 이 운동은 켄터키에 서 강하게 일어난 연고로 '켄터키부흥운동'이라고도 부른다. 이 운동은 평상시의 교회생활에서의 뜨거운 기도생활과 복음 적인 설교를 강조하였다. 그 결과로 기도회나 특별 신앙집회 가 많이 있었으며 교회는 영적으로 소생하여 많은 선교단체가 결성되면서 세계에 선교사를 파송하는 선교운동과 사회 자선

활동운동이 전개되었다. 이 대부흥운동은 19세기 후반까지 이어갔다.

18세기 후반부터는 기독교의 신앙개혁운동이 '선교운동'으로 나타났다. 미국과 영국 등지에서는 해외선교활동이 왕성히 일어났다. 미국의 대부흥운동을 통해 일어나기 시작한 선교운동은 영국의 윌리암 케리(William Carey, 1761~1834)에 의해 1795년 초교파적인 선교단체인 '런던선교회'가 조직됨으로 새로운 전기를 맞이하게 되었다. 이후 이 선교회의 선교활동에 영향을 받은 많은 교파들에서 '해외선교회'들이 조직되면서 수많은 선교사를 해외에 파송함으로써 기독교의 신앙개혁운동은 '해외선교운동'으로 나타났다. 그리고 다시 19세기와 20세기 초에 이르면서는 '성령운동'이 일어났다.

2. 신앙개혁운동의 성공요인과 정신

기독교는 초대교회이후 성경의 표준에서 탈선될 때마다 새로운 신앙개혁운동이 일어났고, 교회는 성경적인 교회의 면모를 새롭게 갖추기 위하여 노력하여 왔다. 이런 신앙개혁운동 가운데 대표적이고 중심이 되는 신앙개혁운동이 1517년을 계기로 일어난 북유럽의 신앙개혁운동이라 할 수 있다. 그러나 엄밀한 의미에서 16세기의 신앙개혁운동은 루터나 칼빈만의 운동은 아니었다. 종교개혁이전부터 교황의 무오설을 비롯하여 로마교회의 탈선된 교리에 대하여 누누이 지적해오던 선구자들의 터 위에서 계속된 운동이었다. 그 중에서도 영국의 위클리프(J.Wyclif)나 보헤미아의 후스(J.Huss)와 같은 인물의 개혁시도가 있었으며 이들의 신학적 도전은 중세교회의 기초에 균열을 가져오는 전초였다. 신앙개혁운동가들의 집단적 움직임은 점차 하나의 범시민 운동으로 번져서 중세교회의 단일체제에 커다란 위협을 주었다. 거기에다 교회의 위신은 교황청의 분열로 땅에 떨어졌으며, 교황청의 지나친 과세 및 면죄부 판매는 일반 시민의 원망을 자아내기에 이르렀다. 이러한 부조리는 16세기 유럽대륙 중에서 독일의 경우가 제일 심했다. 또한 독일은 연방제이므로 교황의 세력이 왕권을 통하여 직접 미치기가 힘들었으며 르네상스를 통한 인문주의의 영향이 지성인들 사이에 컸기 때문에 어느 곳보다도 신앙개혁을 원하는 사람들이 많았다. 루터와 칼빈도 그 중의 한 사람이었다. 이들의 신앙개혁운동은 어디까지나 당시에 모든 사람들이 공감하고 있던 종교적 관심에서 출발했던 순수한 교회신앙개혁운동이었다. 이들은 결코 새로운 종교를 만들려는 의도가 없었다. 개인적인 신앙체험과 성경연구의 결과를 바탕으로 신앙을 새롭게 하려는 것뿐이었다. 그러나 그 결과는 기독교가 신교와 구교로 나뉘게 되었고 신교는 초기기독교의 신앙정신을 이어가려는 본래의 기독교로, 구교는 교황체제의 중세기독교의 신앙의 정신과 전통을 그대로 고수하려는 천주교의 길로 가게 된 것이다.

루터의 신앙개혁운동은 당시 로마교회의 면제부 판매로 타락의 절정에 다다른 교회에 대한 신앙개혁의 외침이었다. 그의 신앙개혁운동의 성공은 특별한 비결이 없다. 오로지 하나님 한분만을 철저하게 의지하면서 하나님의 말씀에 충실하고자 하는 열정이었다. 루터는 말씀의 사람이었으며 기도의 사람이었으며 경건의 사람이었다. 성령의 도우심을 철저하게 믿으면서 모든 것을 기도로써 시작하고 기도로써 끝을 맺었던 사람이었다. 또한 그는 자신의 신앙개혁운동을 처음부터 이렇게 되리라고 계획표를 짜고서 밀고 가지 않았다. 루터는 일이 진행되어가는 대로 하나씩, 하나씩 처리해 갔으며 억지로 일이 되게끔 몰고 가지도 않았다. 어떻게 보면 자유분방하게 움직이는 것 같으면서도 하나님의 성령의 인도하심에 철저하게 순종하려는 태도를 일관되게 유지하였다. 루터가 단 하나 머리를 써서 세밀하게 이끌어갔던 것은 자신이 하고 싶은 말을 절대로 개인자격으로 말하지 않았다는 점이다. 루터는 자신의 의견을 언제나 공중적인 전체 회의나 집회를 통해서 발표하였다. 이러한 점에서 루터는 당시의 시대적 조류인 회의 중심적 개혁원칙을 철저하게 지켰다.

루터의 신앙개혁운동은 철저하게 복음중심의 원칙적인 싸움이었지 무력이나 정치적 싸움이 아니었다는 데에 그 성공요인이 있었으며 또한 동시에 당대의 지식인들과 지도층의 지지를 확보하였다. 루터는 개인의 인기를 편승해서 사람을 압도하려고 하지 않았으며, 본인이 몸소 터득한 복음의 진리를 모든 사람에게 심어 줌으로써 신앙의 부패와 타락에서 벗어나게 해야 된다는 강한 사명감과 사랑을 가지고 있었을 뿐이었다.

칼빈의 경우도 마찬가지이다. 칼빈의 신앙개혁운동이전 이미 제네바에서는 윌리엄 파렐(William Farel, 1489~1565)의 주도로 신앙개혁운동이 진행되고 있던 상황이었다. 그러던 어느 날 파렐은 칼빈이 묵고 있던 여인숙에 찾아와서 함께 신앙개혁운동을 진행할 것을 요구하였다. 그 때 칼빈이 거절하자 파렐은 '하나님이 당신을 여기로 보내주신 것이니 이것을 거절하면 하나님이 저주할 것이다.'라고 하여 신앙개혁운동을 하나님의 뜻으로 받아들이게 하였다. 칼빈은 이때의 심정을 이렇게 서술했다. "그 때 나는 파렐의 무서운 엄명에 무서워 견디지 못하여 몸이 떨렸다. 그의 음성이 마치 높은 보좌에서 들려오는 하나님의 음성과 같았다." 결국 이것이 기독교역사에 있어서 매우 중요한 사건을 일으켰으니 곧 하루 밤 사이에 학자이며 저술가였던 칼빈이 제네바에 머물러 신앙개혁운동가로 변하게 한 배경이 되었다. 그리고 그가 학문적 연구와 진리탐구의 열정 속에서 체험했던 복음적인 회심사건은 그로 하여금 신앙개혁운동의 열정을 품게 한 또 하나의 요인이었다.

루터와 칼빈 등의 신앙개혁운동가들의 정신은 한마디로 '교회는 계속 개혁되어야 한다.'는 것이었다. 기독교는 계속적인 신앙개혁과 자기반성을 통해 사회에 영향을 주고 세상의 구원을 위해 힘써야 한다. 이것이 교회요 성경의 가르침이다. 기독교에 신앙개혁운동의 정신이 사라지면 진정한 기독교가 될 수 없다는 역사의 교훈이다. 신앙개혁운동은 어떤 계획으로 이뤄지는 것이 아니다. 본인 스스로가 강력한 복음의 경험이 있고, 그 복음에 대한 열정과 헌신, 하나님에 대한 뜨거운 사랑이 동기가 되어 실천하려는 과정 속에서 자연스럽게 발생되는 하나님의 역사에 대한 순종이다. 그 순종은 초대교회 그리스도인

들이 가졌던 사랑과 복음에 대한 헌신, 성령의 역사에 따름이
다. 이것이 신앙개혁운동의 성공요인이며 정신이다. 기독교의
신앙개혁운동은 초대교회의 신앙과 삶이 그대로 다시 회복되
어 하나님의 인류구원의 역사에 참여하는 교회의 생명력이다.

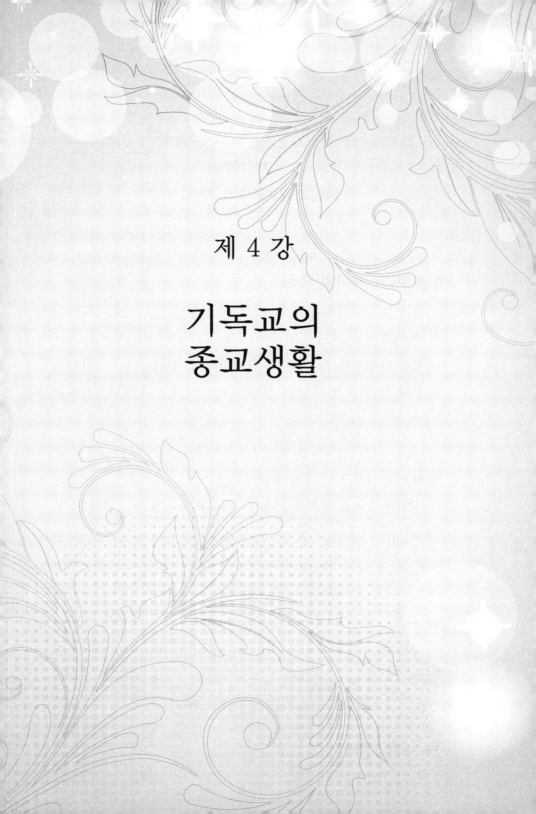

제 4 강

기독교의
종교생활

제11장
기독교의 예배와 주일성수

1. 예배의 의미와 특징

예배라는 말의 우리말 뜻은 "신을 신앙하고 숭배하면서 그 대상을 경배하는 행위 및 그 양식"이라고 정의된다. 그러나 기독교의 예배는 보다 깊은 신학적 의미를 가지고 있다. 기독교의 예배의미는 전인적인 감격 속에 자신이 받은 거대한 은총의 주인 되시는 하나님 앞에 나아와 감사와 최고의 존경을 표현하는 하나님 백성들의 응답이다.

신약성경에서 예배에 사용된 말은 헬라어 '프로스퀴네오' 인데 이 말은 '무릎을 꿇는다, 손에 입을 맞춘다'라는 뜻으로 웃어른에 대한 예의와 존경과 복종을 함께 의미하고 있는 단어이다. 구약성경에서는 예배라는 말이 히브리어 '아바드'와 '샤하아'라는 단어가 사용되었는데 그 의미는 모든 인간은 하나님 앞에서 자기의 자주성을 버리고 그의 뜻을 따르며 섬겨야 할 존재라는 사실과 경배와 복종의 생활이 예배 자들의 주요한 삶의 근본이 되어졌다는 사실을 의미하는 단어이다.

　　기독교 학자인 제임스 화이트(J. White)는 예배에 대해 정의하기를 "기독교예배는 예수 그리스도 안에서(in), 그를 통하여(through), 하나님을 알게 되고, 이 앎에 따라 응답함으로써 가장 심오한 경지에서 실재(reality)에 접근하려는 신중한 행동이다"라고 하였다. 또 다른 학자인 지글러(F. M. Segler)는 예배를 정의하기를 "기독교의 예배는 예수 그리스도 안에 나타난 하나님 자신의 인격적인 계시에 대한 사람의 인격적인 믿음 안에서의 사랑어린 응답"이라고 했다. 기독교의 예배는 사람이 행하는 그 무엇이 아니라, 하나님께서 이미 하신 것과 지금도 행하고 계신 것에 대한 응답이다. 그래서 기독교예배는 신비의 내적 의미를 가지고 있다. 사람은 예배에서 하나님을 알 수 있으나 그의 성격을 충분히 깨달을 수 없으며, 사람을 다루시는 그의 방법을 다 헤아릴 수 없다. 따라서 예배는 하나님의 신비를 경험하는 시간이다.

　　또 기독교예배는 축제이다. 역사 안에서 행하신 하나님의 활동들, 창조, 섭리, 구속의 언약, 예수 그리스도의 성육신과 십자가, 그리고 부활, 그리고 성령님의 강림을 통한 하나님의 능력을 보이심 등에 대한 감사의 축제이다.

　　또한 기독교예배는 하나님과 인간이 만나는 자리이며, 대화이다. 하나님의 계시에 대한 인간들의 신앙 안에서의 인격적 응답과 만남이다.

또, 기독교예배는 드리는 것이다. 예배는 우리의 마음과 뜻, 몸과 시간, 물질 등 우리의 삶 전체를 하나님께 드리는 시간이다. 그래서 기독교예배의 목적은 하나님으로부터 무엇을 받는데 있지 않고 하나님께 바치는데 있다. 하나님께로부터 받은 은혜와 축복에 대해 믿음으로 드리는 감사의 응답과 봉사인 것이다.

또한 기독교예배는 그리스도인들의 생활 전부이다. 예배는 우리의 일상의 삶이 그대로 반영된 것이므로 그리스도인들의 삶 자체가 예배이어야 한다.

기독교예배는 몇 가지 특징이 있다.

첫째로, 기독교예배는 삼위일체 하나님중심이라는 점이다.

하나님이 그의 백성들에게 먼저 말씀하시고 그의 백성은 하나님께 응답하는 것이 예배의 양식이다. 그러므로 기독교예배의 주체와 중심은 성부 하나님께 있다. 하나님이 먼저 부르시고 은혜와 계시를 주셔야 인간은 하나님께 나아감을 얻을 수 있다. 사람의 어떤 행위나 의식이 먼저가 아니다. 예배 전체가 사람이 결코 중심되지 않는다. 예배의 모든 영광과 중심은 성부 하나님이셔야 한다. 어떤 특정한 사람이 중심이 되어서는 안된다. 사람에게 영광과 찬사가 돌아가서는 안 된다. 찬양과 영광, 박수는 오직 성부 하나님께 돌아가야 한다. 또한 예배는 중보자이신 성자 예수 그리스도 하나님께 중심이 있다. 성부 하나님은 그리스도 안에서만 발견될 수 있고, 예수 그리스도의 구속의 사역 속에서만 새로운 차원의 눈을 뜰 수 있게 된다. 사람이 하나님을 만나는 유일한 길은 성자 예수 그리스도 하나님을 만남으로 가능하기에 예배는 성자 예수 그리스도 중심적이다. 또한 예배는 성령 하나님의 역사에 기초되어진 것으로서 성령 하나님의 역사로만이 이루어진다. 예수께서도 하나님은 신령과 진정으로 드리는 예배를 찾으신다고 하신 것처럼 예배는 하나님의 성령이 우리 인간의 영혼에 접촉할 때 비로소 우리 속에서 거룩한 불이 붙여진다. 형식과 의식으로는 온전한 예배를 산출하지 못한다. 우리가 모든 좋은 방법을 사용할 수도 있고, 또 가장 훌륭한 예배의식을 가질 수도 있지만 성령 하나님이 우리의 영혼에 접촉하기 전에는 하나님을 온전히 예배하지 못한다. 찬양과 기도 모두가 예배의 요소이지만 그 모든 것은 우리의 영혼이 성령 하나님과 접촉되어질 때에 진정으로 하나님께 드려지는 것이 된다.

둘째로, 기독교예배의 특징은 성경중심, 말씀중심이라는 점이다.

하나님은 사람의 언어를 도구로 사용하여 하나님의 말씀을 사람에게 전달하신다. 성경은 성령 하나님에 의하여 사람에게 계시된 하나님의 말씀이며 이 성경말씀은 하나님이 세우신 그의 종(설교자)을 통하여 오늘의 상황과 처지에 맞게 재해석되어 전해진다. 그래서 기독교예배는 모든 형식과 내용과 메시지가 성경을 바탕으로 한다. 성경을 떠난 여하한 신앙의 행위는 용납되지 않는다. 성경말씀이 중심이 됨에 따라 자연히 기독교예배의 클라이막스는 설교가 된다. 성경은 교회의 생명의 책으로 예배를 위한 객관적 내용을 제공하고 하나님을 인간에게 알려준다. 성경은 교회의 구원과 생활의 안내서로서 그리고 하나님의 약속에 관한 지식의 원천이기 때문에 교회의 예배에서 그 중심이 되는 것이다. 예배를 지도하는 객관적인, 지성적인 내용은 성경 안에서 발견된다.

셋째로, 기독교예배의 특징은 가족적이며 공동체적이라는 점이다.

교회의 뜻, 성격자체가 가족적, 공동체적 개념을 가지고 있다. 교회를 뜻하는 헬라어 '에클레시아'는 실지로 모이는 과정, 모이는 단체를 동시에 의미하는 것으로 교회는 함께 모이는 일, 집회, 특히 예배의 모임, 기도의 모임이 거듭 되풀이됨으로써 이루어진다. 예배의 가족적 개념에는 예배에 모인 자들의 서로가 각각 다른 개체의 존재성을 인정하면서도 하나님 앞에서는 하나의 연관된 가족으로서 공동체 개념을 인식해야 한다는 것이다. 그렇기 때문에 예배는 언제나 '나'라고 하는 단수의 개념보다는 '우리'라고 하는 복수적인 개념의 모임으로써 예전의 내용과 구성을 생각해야 되며, 구성원 전체의 영적성장과 발전을 생각해야 한다.

중세 이후 교회의 예배는 제사화되고 전문화되어 미사는 사제에 의해서만 집행되고 신도들은 단순한 구경꾼이 되었다. 그렇지만 종교개혁으로 기독교예배는 다시 회복되었다. 성직자와 평신도의 구별을 없애 버림으로써 초기기독교예배에 나타난 단순성과 자발성 그리고 능동성을 회복하였다. '모든 그리스도인은 다 제사장이다'라는 루터의 외침으로 시작하여 평신도들도 예배에 직접 참가할 수 있게 회복되었고, 성직자 없이도 예배를 집행할 수 있게 되었다. 이것이 본래 기독교예배의 특징이며, 초대교회가 가졌던 본래 교회의 예배였다.

2. 예배와 예식 용어의 사용

기독교에서는 예배와 유사한 형태의 종교모임이 많이 있다. 목요집회, 수요기도회, 철야기도회 등이다. 그리고 또한 교회에서 집례하는 장례식이나 결혼식을 종종 장례예배, 결혼예배라고 부르는 것을 듣게 되는 경우가 있다. 이렇듯 예배와 예식에 대한 개념과 사용의 구별은 기독교인들조차도 잘 구별하지 못하고 잘못 사용하는 경우가 많이 있다. 예배와 예식, 이 두 용어는 엄밀한 차이가 있다. 이 두 용어는 모임의 형식과 내용에 맞게 구별되어 사용되어야 함이 마땅하다. 그리스도의 이름으로 모이는 모임들은 그 본래의 목적과 의미에 맞게, 그 종류와 성격에 따라 구별하여 부르고 사용되어야 한다.

그러면 예배와 예식은 어떻게 다른 것인가?

먼저, 예배란 하나님과 인간의 만남이며 예수 그리스도께서 중심에 계시고 말씀과 성례전을 통하여 하나님의 구원과 부활의 신비를 경험하는 것으로서 예배는 '예배' 그 자체와 하나님의 영광을 위한 목적으로만 행해질 수 있는 것이다. 그렇지만 예식은 인간이 중심이 되고 사람의 의도나 목적, 조건에서 출발하는 신앙적 모임이다. 예를 들면 혼인, 장례, 취임, 임직,

헌당, 학위취득, 기념, 송별, 환영, 축하 등은 예식이 된다. 그런데 예식이란 무질서한 모임이 아닌, 예법에 따라 모이고 진행해야 하는데, 그리스도인들을 구성원으로 하는 모임의 예법 기준은 예배인고로, 예식전체를 예배의 형식을 따라 진행하거나(혼인예식, 장례예식 등) 시작하는 제1부를 예식의 동기가 된 사실에 대한 감사예배(취임감사, 봉헌감사 등)로 하고, 이어서 제2부에서 축하 등의 순서로 진행할 수는 있다.

한편, 관행적으로 예배라고 부르는 모임들은 습관 때문에 계속 예배라고 부르더라도, '신앙집회'의 성격으로서 유지해 나가는 것이 바람직하다. 그래서 예배라는 명칭보다는 신앙을 함양하기 위한 성서연구나 성서강해, 또는 신앙강좌로 부르는 것이 바람직하다. 한 가지 유념할 사실은 예배와 예식을 구분하되 예식을 성찬식, 세례식, 결혼식 장례식으로 격하해 불러온 이웃나라의 풍습을 지양하고, '예식'으로 격상해서 신앙적인 의미를 부여하여 부르는 것이 더 바람직하다. 그래서 '성찬식'이 아니고 '성만찬' 혹은 '성만찬 예식' 이다. 또한 흔히 교회의 집회로 잘 알려진 새벽, 금요, 구역예배는 새벽기도회, 금요기도회, 구역모임으로 부르는 것이 좋고 여기에 '예배'자를 붙이는 것은 바람직하지 않다.

요약하면 주일에 모이는 모임만을 '예배'로, 수요일이나 금요일에 모이는 모임은 '기도회'로, 신앙의 부흥을 위하여 특별히 모이는 모임은 '사경회' 또는 '부흥회'와 '집회'로, 그리고 각종 회의를 시작하기 전에 모이는 모임은 '경건회'로 부르는 것이 바람직하다. 여기서 주일에 모이는 모임이란 오전, 오후에 모이는 것을 포함한 것이고 주일에 모이는 이 모임만을 '예배'로 부르고 수요저녁 모임, 금요모임(요일은 다소 다르더라도 철야 혹은 심야모임)은 '집회' 혹은 '기도회'나 '사경회'로 부르고 기타 애경사와 관련된 모임은 '예식'으로 구분하여 부르는 것이 바람직하다.

3. 주일성수

기독교하면 떠오르는 이미지 중 하나가 주일성수이다. 기독교인은 주일 —그리스도인은 일요일을 주님의 날이라는 의미로 주일이라고 부른다.— 이 되면 교회에 가서 예배드리는 사람, 교회 다니려면 의례히 주일에 교회에 나가서 예배드려야하는 것이 공식화된 개념이다. 주일성수란 '주일을 거룩하게 지키고 준수한다.'는 의미에서 성수라는 용어를 쓰고 있다. 한국교회는 유별히 그 초기부터 주일성수를 강조해 왔다. 이는 기독교를 전래케 한 선교사들의 청교도 신앙의 전통에 따른 것이기도 하다. 하지만 기독교인의 주일성수는 성경적인 이유가 가장 크다. 그리고 이를 지켜온 교회의 오랜 전통의 산물이기도 하다. 그 전통이 비성경적인 것이라면 당연히 수정되고 개혁되어야 마땅하다. 그러나 성경적이라면 다소 그 형식은 변할 수 있어도 계속 지켜나가야 할 것이다. 그럼에도 주일성수의 문제는 오늘날까지 아직도 논의되고 있는 신학적 문제이다.

기독교의 주일성수는 구약시대부터 율법으로 지켜온 유대인의 안식일성수에서 이어진 기독교식 안식일성수 개념이다. 안식일은 이스라엘 백성들의 삶의 중심이었다. 안식일은 여호와 하나님의 날이며 그 날을 지키는 것은 하나님의 백성된 표징이었다. 그러므로 세속적 모든 일과 업무를 중단하고 하나님을 예배하며 거룩하게 지켜야 했다. 또 안식일 준수는 하나님의 명령이요, 반드시 준수해야 하는 율법이었다. 거룩하게 지키지 않는 자에게는 엄격한 처벌이 뒤따랐다.

"너희는 나의 안식일을 지키라 이는 나와 너희 사이에 너희 대대의 표징이니 나는 너희를 거룩하게 하는 여호와인줄 너희가 알게 함이라. 너희는 안식일을 지킬지니 이는 너희에게 거룩한 날이 됨이니라. 그 날을 더럽히는 자는 모두 죽일지며 그 날에 일

하는 자는 모두 그 백성 중에서 그 생명이 끊어지리라. 엿새 동안은 일할 것이나 일곱째 날은 큰 안식일이니 여호와께 거룩한 것이라. 안식일에 일하는 자는 누구든지 반드시 죽일지니라." (출 31:13~15)

또 안식일은 하나님이 구별하신 거룩한 날이요, 복된 날이고, 지키는 사람에게는 즐거움과 복을 받게 된다(사58:14)는 것이 율법과 선지자들의 가르침이었다. 이것이 안식일 준수의 이유이다. 그러나 이 안식일성수는 기독교의 역사에서 주일성수로 대치되었으며 그 의미와 형식, 내용은 복음 안에서 재해석되었다. 이렇게 된 데에는 4가지의 성경적, 역사적 이유가 있다.

첫째는, 예수 그리스도의 가르침에서 근거한다.

예수님은 안식일제도 자체는 거부하지 않으셨다. 그러나 유대주의적 율법적인 개념의 전통적 규례대로 지키는 것은 받아들이지 않으셨다. 예수님은 안식일제도 자체를 거부하지는 않았지만 유대주의적 성수방법은 받아들이지 않으면서 나아가 예수님 자신이 안식일의 주인이시며 안식일과 성전보다도 더 크신 하나님의 아들이심을 가르치셨다. 그러므로 그리스도인은 안식일보다도 안식을 주시고, 예배를 받으시는 그리스도에게 초점을 두어야 한다.

둘째로, 사도 바울이 그리스도인의 율법에서의 자유를 선언한 가르침에서 근거한다.

구약시대는 안식일성수가 구원의 요소였다. 그러나 이제 그리스도 안에서는 구원의 요소가 아니다. 그리스도인은 율법에서 자유한 존재이다. 구원은 그리스도를 믿음 안에서 일어난다. 그리스도인에게 날, 장소, 절기, 안식일성수는 복음의 그림자에 불과하다(골2:16;갈4:10). 이제는 안식일을 지키든 주일날을 지키든 각자가 판단할 것이요, 주를 위함이 중요한 것이다.

셋째로, 초대교회의 주의 날 개념에서 근거한다.

초대교회는 주일은 예수님이 부활하신 날, 부활하신 주님이 제자들에게 찾아오신 날, 성령이 강림하신 날이었으며 사도요한이 밧모 섬에서 계시를 받은 날이었다. 그래서 초대교회는 주일에 모여 예배함이 많았으며 '첫날, 혹은 안식 후 첫날, 주의 날'이라고 불렀다.

"안식일 다 지나고 안식 후 첫날이 되려는 새벽에 막달라 마리아와 다른 마리아가 무덤을 보려고 갔더니" (마28:1)

"안식 후 첫날(혹은 그 주간의 첫날이라고 번역됨)에 우리가 떡을 떼려 하여 모였더니" (행20:7)

"매주 첫날(주일)에 너희 각 사람이 수입에 따라 모아 두어서 내가 갈 때에 연보를 하지 않게 하라." (고전16:2)

"주의 날에 내가 성령에 감동되어 내 뒤에서 나는 나팔 소리 같은 큰 음성을 들으니" (계1:10)

그래서 예수님의 제자들의 뒤를 이은 속사도인 이그나시우스(Ignatius, 35~107) 안디옥 감독은 "그리스도인은 이제는 안식일을 지키지 않고 주의 날을 지킨다."라고 했으며, 기독교 변증가였던 저스틴(Justine, 100~165)은 "이 날은 하나님이 어둠을 변케 하여 이 세상을 창조하신 첫째 날이요, 우리 주 예수 그리스도께서 죽음 가운데서 부활하신 날이다."라고 가르쳤다.

넷째로, 정치적, 법적 휴일의 제정 변화에 근거가 있다.

로마제국의 콘스탄틴 황제가 321년 '일요일 휴식'을 법으로 제정하여 "모든 법관들과 도시의 시민들과 그리고 상업에 종사하는 자들은 영예스러운 날인 일요일에는 휴식을 취할 것이니라"고 공포하였다. 그리고 기독교를 국교화시킨 데오도시우스 황제가 386년에 칙령을 내려 '일요일 휴식법'을 더욱 강화함으로써 그리스도인들이 자유롭게 모여 예배하기에 주일이 유효하였다.

이후 중세교회와 신앙개혁운동가들의 가르침 속에서 주일성수는 지속되었으며 특히, 영국의 청교도들에 의하여 더욱 엄격하고 철저한 주일성수가 강조되었다. 한국에 기독교를 전래한 선교사들의 바탕이 바로 청교도 신앙이었고 한국교회는 그것을 이어받아 초기부터 주일성수를 매우 중요시하고 지켜오고 있다.

그러면 어떻게 지키는 것이 주일성수의 올바른 태도이며 방법일까? 이 점에 대하여 김명혁교수는 8가지를 제시하였다.

첫째로, 주일은 그리스도의 부활로 말미암아 이루어진 구속 사역을 기쁨으로 기념하는 날이 되어야 한다. 이 날에 슬퍼하거나 금식하는 것은 합당치 않다.

둘째로, 하나님을 예배하고 그의 말씀을 배우고 가르치면서 이 날을 거룩하게 지켜야 한다.

셋째로, 자선과 봉사의 일을 하면서 이 날을 거룩하게 지켜야 한다.

넷째로, 구원공동체적 의식을 가지고 그리스도인들이 함께 모여 교제하면서 이 날을 기쁨으로 지켜야 한다.

다섯째로, 앞으로 완성될 안식을 바라보면서 종말론적 기대 속에서 주일을 열심히 지켜야 한다.

여섯째로, 이상과 같은 태도와 방법으로 주일을 옳게 지키기 위해서는 주일에 불가피한 일들을 제외한 모든 세속적 업무를 중단하여야 한다.

일곱째로, 비기독교적 사회에서 생활하는 그리스도인들은 희생의 각오를 가지고 주일성수에 임해야 한다.

여덟째로, 교회는 빛과 소금의 사명을 다하므로 사회와 국가를 점차 복음화하여 그 교회가 처해있는 국가 사회가 주일 성수에 대한 이해를 가지고 편의를 제공해 줄 수 있게 되기를 위해 기도하고 힘쓰면서 주일을 거룩히 지켜야 한다.

제12장
기독교의 찬송가와 복음성가

1. 찬송가의 역사와 이해

1) 찬송가(Hymn)의 정의

　군대에서 병사들이 종교를 선택하는 과정에서 유행했던 말이 있다. '마음껏 노래를 부르고 싶으면 교회로 가라.' 이 말처럼 기독교의 종교생활에는 음악이 차지하는 비중이 매우 높다. 서양 음악은 교회음악이라고 할 만큼 기독교는 음악의 역사에 공헌하고 지대한 영향을 주었다. 우리가 잘 알고 있는 위대한 음악가들의 음악은 대다수가 교회 음악이며 교회에서 음악활동을 했던 사람들이다. 그런데 특별히 교회예배에서 사용되는 노래를 "찬송가"라고 한다. 그리고 기독교예배에서는 이 찬송가가 큰 비중을 차지한다. 기독교예배에서 설교와 함께 큰 비중을 차지하고 준비하는 것이 "찬양대" -흔히 성가대라고 부르는데 성가는 다른 종교에서도 사용될 수 있는 용어이다. 하나님을 찬양한다는 의미에서 성가대보다 찬양대라는 말이 더 신학적이고 성경적이다.- 가 부르는 찬송이다. 예배에서 찬양대가 한곡의 찬송가를 부르기 위해서는 많은 시간과 인원, 전문가의 지도 등이 함께 소요된다. 그래서 교회의 찬송은 뛰어난 전문성과 역사를 가진 종교생활의 한 요소이다.

키이츠(Keats)는 "음악은 황금의 언어(Music's golden tongue)이며 말로 표현할 수 없는 하나님의 깊은 일들을 음악이 말해주고 있다"고 하였다. 킹슬리(Kingsley)는 "말은 우리들의 사상을 전하지만 음악은 우리들 영혼의 핵심과 근본을 뒤 흔든다"라고 말하였는데 이는 음악, 특별히 교회음악이 가지는 위대한 기능을 잘 설명해주고 있는 말이라 하겠다. 우리의 삶에서 음악을 빼버린다면 우리의 삶은 참으로 무료한 삶이 될 것이다. 음악은 기독교예배의 요소로서 기독교 종교생활에서 결코 간과할 수 없는 중요한 요소이다.

찬송(Hymn)의 고전적이고 일반적인 정의는 헬라어 '힘노스'(hymnos)에서 유래된 것으로 이 단어의 뜻은 '찬양의 노래'를 뜻한다. 초기기독교는 헬라문화의 영향을 받았기 때문에 삼위일체 하나님을 찬양하는 찬송가에 어울리는 낱말로 헬라어 '힘노스'를 취한 것은 아주 자연스러운 일이다. 또 하나의 찬송의 고전적 정의는 7세기 톨레도 회의(The Council of Toledo)에서의 성 어거스틴(St. Augustine)의 정의로 어거스틴은 "찬송은 노래로 하나님을 찬양하는 것"이라고 하였다. 또한 성 암브로스(St. Ambrose)는 "찬송가는 3가지 요소로 구성되었는데 곧 노래, 하나님, 그리고 하나님을 찬양하는 것이 그것이다."라고 하였다. 찬송에 관한 일반적인 정의는 '하나님께 대한 찬양, 감사, 기도, 교리 등의 내용을 성경에 기초하여 문학적으로도 우수하며, 시적언어로 되어진 찬송 시와 음악적으로 우수한 찬송 곡조와의 조화를 이룬 것'이라 정의할 수 있다. 찬송에 대한 많은 정의에도 불구하고 교회에서는 쉽게 '찬송이란 곡조 있는 기도'라고 정의하기도 한다.

이 찬송을 신자 스스로가 직접 하나님께 드릴 수 있게 된 것은 루터의 신앙개혁운동에 힘입은 바가 크다. 루터는 "교회에 모이는 신자는 스스로가 직접 하나님께 기도드리며 찬송 드려야한다."고 주장함으로써 그의 신앙개혁운동을 타고 찬송은 사제의 전유물이 아니라 평신도 스스로가 직접 하나님께 찬송드릴 수 있는 권리가 생겨났다. 이후로부터 회중찬송은 급격한 발전을 시작하여 예배음악에서 가장 기본이 되며 중요한 음악으로 발전하여 현재에 이르게 되었다. 음악의 역사는 교회음악의 역사라고 해도 과언이 아니다. 음악은 구약시대의 성전과 신약시대의 회당을 중심으로 발전했으며, 초대교회를 거쳐 중세시대에 교회음악은 그 꽃을 피웠다. 그리고 종교개혁에 의하여 회중음악으로 발전하게 되었다. 이러한 시대적 흐름을 타고 오늘날에 거쳐 찬송가와 가스펠 음악이 생기게 되었고 이 곡들이 우리에게 감동과 감화를 끼칠 수 있게 된 것이다.

그러면 일반노래와 찬송가는 어떻게 구별되며 어떤 노래를 찬송가라고 하는가?

첫째로, 삼위일체이신 하나님의 속성이나 업적을 감사하고 찬양하는 노래가 찬송가이다.

둘째로, 삼위 중에 각위의 속성을 찬양하고 그의 업적에 대해 감사하고 찬양하는 노래가 찬송가이다.

셋째로, 하나님의 창조 사건과 인류 구속사건에 관련된 사물이나 일들을 들어 확신하여 설명하면서 직접 또는 간접적으로 감사하고 찬양하는 노래가 찬송가이다.

넷째로, 삼위일체이신 하나님께 드리는 감사와 찬양이 얽힌 기도와 간구 등의 모든 내용이 '시'로 표현될 때는 '찬송시', 혹은 '찬송가사'가 되고 이 '찬송시'와 '찬송가사'를 음악화 하여 노래 불러 삼위일체 하나님께 찬양하는 노래가 찬송가이다.

그래서 노래가 찬송가가 되기 위해서는 3요소가 함께 어우러져야 한다. 곧 신앙의 사람이 교회음악 곡조로 하나님께 드리는 적합한 감사와 찬양, 신앙고백의 가사로 구성될 때 찬송가가 된다. 이 3요소 중에 하나라도 어긋난다면 그 노래는 찬송가가 될 수 없다. 아무리 좋은 곡조와 가사의 노래라도 이를 만든 사람이 신앙의 사람이 아니라면 그 노래는 찬송가가 될 수 없다. 찬송가는 그것을 만든 사람의 신앙체험과 고백이 함께 담겨 있어야 진정한 찬송가가 될 수 있다.

2) 한국교회의 찬송가 역사

기독교가 한국에 처음 전파되었을 당시의 한국의 상황은 19세기 말 이었는데 전통적으로 유교적 사고가 사회를 지배하던 때였고, 초창기의 외국 선교사들은 우리 민족의 언어와 관습과 문화 등과 잘 조화된 한국적 기독교를 만들기 위해 노력을 게을리 하지 않았다. 그러나 그런 가운데에서도 몇 가지 어려운 문제에 부딪히게 되었는데 그 중 한 가지가 바로 유교적 전통에서 음악인에 대한 경시의 풍조였다. 이것은 과거 기방(妓房)에서나 즐기던 음악들을 자신들이 직접 노래한다는 것을 한국 교인들은 용납할 수가 없었던 것이다. 한편 긍정적인 측면에서는 사회적으로는 우리의 전통적인 것보다는 외국의 새로운 문화를 따르는 것이 좋아보이던 사회적 경향이 있었던 시대였다.

한국에 최초의 찬송가집이 출판된 것은 선교사에 의해 한국교회가 세워진 후로부터 5년이 지난 1892년이었다. 감리교 선교사였던 존스(George H. Jones)와 로스와일러(Louis G. Rothweiler)가 펴낸 찬송가집은 후에 〈찬미가〉라 이름 하였는데, 당시 이 찬미가에는 악보가 없이 가사만 인쇄되었으며 당시에 이미 교인들에 의해 애창되던 번역찬송 27곡이 수록되었다. 악보를 갖춘 최초의 찬송가집은 1894년에 언더우드 목사에 의해 발간된 '찬양가' 인데 한국인의 창작 찬송이 수록된 최초의 찬송가집으로 기록된다. 1895년에는 장로교에서는 '찬양가'를, 감리교에서는 '찬미가'(1892년 수정, 보완)로 불리는 찬송가집을 따로 출판하였고, 같은 해에 장로교의 공인 찬송가로 '찬성시'(1895년에 그레함 리와 기포드 부인 편집)가 출판되었다. 서로 다른 찬송가를 사용하던 장로교와 감리교는 당시 한국에 들어와 있던 복음주의 선교단체들의 교파 연합운동에 힘입어 1908년 장, 감 연합 공의회 편찬으로 〈찬송가〉를 발간하게 된다. 이 찬송가집은 초기 번역보다는 다소 세련미가 있었고 특히 한국 전통의 가락으로 된 곡조를 최초로 실었는데,

1931년 〈신정 찬송가(선교사연합공의회 편찬, 조선야소교서회 발행)〉가 나오기 전까지 22년 동안 모두 43판 발행에 총 87만 4,500부나 간행되어 당시로서는 엄청난 기록을 세우게 된다.

성공회교단에서는 〈성회송가 (1903)〉를, 성결교단에서는 〈복음가(1911년, 후에 신정복음가로 1919년 증보)〉와 〈부흥성가〉(1930)를 발간하였으며, 구세군은 〈구세군가(1912)〉를, 천주교에서는 〈조선어성가(1924)〉를 각각 발간하였다. 1931년 '예수교 연합 공의회'가 만들어져 그 첫 사업으로 〈신정찬송가〉를 출판하였는데 이 찬송가집은 장, 감 합동으로 사용할 목적으로 양쪽 교단이 사용하던 찬송가 중 훌륭한 곡들을 실었지만, 원래의 의도와 달리 이 찬송가집은 감리교단에서만 사용하였고, 장로교회는 총회 종교교육부에서 〈신편찬송가(1935)〉를 따로 출간하여 사용하였다.

해방과 함께 성결교, 장로교, 감리교 세 교단은 하나 된 찬송가의 사용을 갈망하여 〈합동찬송가(1949)〉를 발간하였는데 이 찬송가집은 1967년 〈개편찬송가〉가 나오기 전까지 무려 20판을 거듭하는 기록을 세우게 된다. 1967년 12월에는 '한국찬송가위원회'가 구성되어 소위 〈개편찬송가〉가 탄생하게 된다. 그러나 세 교단의 서로 다른 이해 때문에 각기 다른 찬송가를 사용하다가 1981년 발족된 '한국찬송가공회'의 노력으로

1983년 12월에 드디어 558곡이 수록된 〈통일찬송가〉가 출간되고 이것이 한국교회에 초교파적으로 함께 널리 사용되게 되었다. 이후 통일찬송가에서 5가지 문제점을 발견하였다. 첫째는 찬송가가 아닌 것이 수록된 것, 둘째는 중복 편집된 것, 셋째는 문제가 있는 작사, 작곡가들의 곡이 수록된 것, 넷째는 가사에서 신학적, 성경적 문제가 있는 곡들 발견, 다섯째는 가사 번역상에 문제가 된 곡들 등이다. 이에 '한국찬송가공회'에서는 관련기관과 전문가를 모시고 수정, 보완하여 2006년 통일찬송가에서 481곡, 외국곡에서 53곡, 총 645곡으로 증보한 〈새찬송가(혹은 21세기 찬송가라 부른다)〉를 발간하였다. 현재 한국교회는 교단과 개교회에 따라 통일찬송가혹은 새찬송가를 선택하여 사용하고 있다.

3) 한국찬송가의 문제점

한국찬송가에는 몇 가지 문제점을 안고 있다.

첫째로, 한국 작곡가의 창작 찬송이 부족하다. 있다 하더라도 우리의 전통적 가락이나 리듬에 의한 곡보다는 서구의 화성과 리듬을 따른 작품들이 태반이다.

둘째로, 번역문학이 자리 잡지 못했다. 우리의 번역찬송가를 보면 이를 번역한 사람의 이름이 따로 표기되어 있지 않다. 훌륭한 시가 훌륭한 음악을 만들어낸다. 교회가 번역을 또 하나의 창작 행위로 인식하고 올바르게 취급해 줄 때 비로소 훌륭한 찬송가를 가지게 될 것이다.

셋째로, 한국인의 찬송곡조도 우리의 전통적 가락이나 리듬을 외면한 작품들이 대다수다. 유교적 관습과 전통이 아직 강하게 살아있던 당시의 상황은 우리 음악인들로 하여금 전통음악보다는 서구 음악에 집착하도록 만들었다. 60년대까지 외국에서 음악수업을 받고 귀국해 활동했던 음악가들은 대부분 그 곳에서 배운 음악만 다루었는데 이는 당시의 어쩔 수 없는 상황으로 보인다.

넷째로, 복음성가 위주의 찬송이 주류를 이루고 있다. 서구 기독교회가 전하고 있는 음악유산은 참으로 엄청나고 훌륭한 것들이 많다. 우리가 익히 잘 아는 서양 음악가들은 그들의 신앙적 고백을 아름다운 음악으로 많이 남기고 있다. 우리의 찬송가 속에도 이들의 작품이 제법 눈에 띈다. 그러나 지난 100여 년 동안 한국 교회는 이런 훌륭한 노래는 외면한 채 그 역사가 매우 짧고 특정한 목적으로 만들어진 즉, 교회부흥이나 전도만을 목적으로 하여 만들어진 복음찬송 위주의 노래만을 불러왔다는데 그 문제점이 있다.

다섯째로, 우리 찬송가는 외국의 찬송가에 비해 어렵고 음역이 높다. 또한 회중성을 고려한다면 길이가 짧을수록 좋으나 그 길이가 긴 것이 상대적으로 많다.

여섯째로, 절기찬송, 행사를 위한 찬송, 시편송, 성경말씀이 적용된 찬송 등 가사 내용이 다양하지 못하고 빈약하며 편수가 적다는 것이다. 이렇게 볼 때 한국에서의 찬송가 개발에 대한 시급성을 느끼게 한다.

일곱째로, 우리가 찬송가를 예배용이라고 규정을 한다면 예배 때 부르기 애매한 곡들이 전혀 의식이 되지 못한 채 부르고 있으며 성삼위영가가 하나님께 영광을 돌리는 아주 중요한 찬송인데도 생략되거나 후반부 파송의 예전에서 부르는 경우라든가 예배와 집회를 분리하지 못하고 아무 찬송이나 사용하는 것들은 문제가 된다고 볼 수 있다. 통일찬송가에서는 독일국가(245장)나, 영국국가(79장), 구 러시아 국가(77장), 심지어 아일랜드 민요(545장)로서 떠나간 여인을 그리워하는 남자의 마음을 담은 곡이 실려 있는데 이런 노래들을 아무 분별없이 부른다면 문제가 될 것이다.

여덟째, 찬송가의 문화화 문제이다. 기독교가 전래된 나라마다 고유한 문화적 특성과 음악으로 예배와 찬송이 문화화되었는데 우리나라는 아직도 문화화가 되지 않은 상태에 있다. 현재 사용하고 있는 통일찬송가의 경우 한국인 창작 가사는 17곡(3%), 한국인 창작 곡조도 17곡이다. 나머지 97%는 번역된 외국가사와 외국 곡조이다. 이 가운데 미국과 영국 찬송 가사는 79%, 곡조는 약 74%이고 19세기의 영, 미의 가스펠송이 42%를 차지하고 있다.

2. 복음성가의 역사와 이해

1) 복음성가의 성경적 근거

신약성경 골로새서 3장16절에 보면 "시와 찬미와 신령한 노래를 부르며 마음에 감사함으로 하나님을 찬양하고"라고 사도 바울이 우리에게 권면한 말씀이 있다. 이 구절을 음악적인 면에서 해석하자면 먼저 '시'란 '시편'을 말하는 것이다. 시편(Psalm)은 중세 그레고리안 성가(Gregorian chant)에 가장 중요한 가사로서 그 당시 예배에서는 유일하게 불렀던 노래이다. 이 시편송은 음악 역사에서 시편 창송, 응답송, 화답송 세 가지로 분류된다. 한편 18세기의 영국의 아이작 와츠(Isaac watts, 1674-1748)는 시편을 기초로 예배에 사용할 '예배와 찬양을 위한 찬송시'를 작시하는데 큰 공헌을 하였다. 그 다음의 '찬미(Hymn)'는 '찬송가'를 의미한다. 찬송가에 관하여는 기원전 150년 전부터의 설명이 필요하지만 18세기의 찬송가의 의의를 설명하고자 한다. 찬송가(Hymn)는 제자양육에 관한 내용으로 신앙적 교육과 훈련으로 성도 간에 신앙생활의 본이 되는 삶을 가르치기 위한 노래이다. 아이작 와츠는 회중들의 영적 교육과 주님의 자녀가 되게 하게 위한 목적으로 찬송가를 많이 작시하였다. 그 다음에 '신령한 노래'가 나오는데 이것이 바로 오늘날의 '복음성가(Gospel song)'라 볼 수 있다. 복음성가는 예수님과 그 제자들이 가르쳐 주신 전도와 복음전파에 근거하고 신앙 간증을 통하여 서로 화답하는 삶을 권면하는 복음전도의 노래인 것이다. 우리가 사용하고 있는 통일찬송가 558곡 중에서 약 4/5정도가 복음성가이다.

2) 복음성가의 탄생배경과 특징

복음성가가 탄생하게 된 것에는 영국교회와 미국교회가 가진 시대적 배경이 있다.

먼저 영국교회의 시대적 배경을 보면, 18세기에 들어오면서 영국교회의 찬송 관습은 시편가 중심에서 차차 옮겨가 새로운 형태의 찬송가 출현을 보게 되고 여기에 중요한 역할을 한 사람이 바로 아이작 왓츠(Isaac watts, 1674-1748)이다. 그의 기본적 사상은 현 세대의 상황을 구약시대의 상황 하에서 만들어진 시편으로는 결코 대변할 수 없고, 또한 교회의 노래는 노래 부르는 회중의 사상과 감정이 잘 표현되어야 한다는 주장으로 다시 말해, 기독교인의 노래는 신약의 복음의 빛으로 재해석하여 기독교의 예배와 상황에 맞도록 적용해야 한다는 주장아래 복음성가가 탄생하게 되었다.

또한 감리교의 창시자 존 웨슬리 형제는 교회부흥운동에 찬송가를 적극적으로 도입하였다. 웨슬리의 찬송은 왓츠의 찬송보다 더욱 열렬한 복음적 찬송이었다(이는 영국 국교회의 전통적 찬송의 권위에 대한 반항의 표시이기도 했다). 웨슬리는 특별히 찬송은 모든 사람이 부를 수 있는 평이한 곡조와 온건함과 경건성이 있어야 한다는 주장 아래 그의 찬송가가 지닌 음악적 특성으로 연결이 되면서 그의 찬송가는 즐거우면서도 가볍고 비슷한 선율의 반복을 통해 한번 듣고서 바로 기억할 수 있는 곡조를 사용하였다.

한편, 미국교회의 시대적 배경을 보면 미국은 유럽으로부터 옮겨온 이민자들이 정착하기 시작한 16세기로부터 17세기에 이르는 기간 동안 새로운 사회의 건설이라는 숙명적인 상황은 사람들의 정신적, 영적인 빈곤을 가져오게 되었으며, 이로 인해 당연히 교육적인 부분들이 소홀해지기 시작했다. 그들이 유럽에서 가져온 찬송가들은 세월이 가고 세대가 바뀌면서 점차 원 곡조와는 너무나 다르게 왜곡이 되고 그 수준도 퇴보했다. 18세기 중엽에 미국에서는 신앙대각성운동이 일어나게 되는데, 이때 영국에서 간 부흥사들에 의해 왓츠나 웨슬리의 찬송들을 포함한 개인적인 회개의 경험을 강조하는 내용의 찬송들이 소개되었고 이것이 향후 미국 교회음악에 지대한 영향을 주게 되었다.

18세기 영국교회와 미국교회에서 일어났던 부흥집회들은 대부분 수천 명이 모이는 옥외집회로 진행이 되었고 찬송은 집회의 분위기를 열광적으로 만들 목적으로 사용되었다. 특히 미국 서부 개척지에서 열리는 집회의 경우에는 찬송가집도 부족했을 뿐 아니라 대부분이 책 없이 외워서 불러야했기 때문에 왓츠나 웨슬리의 찬송 중에서도 내용이 복잡하고 어려운 곡들은 제외되었고, 아주 간단한 곡들만을 불렀던 것이다. 이때 그들은 손뼉을 치고, 발을 구르며, 몸을 흔들면서 열광적으로 노래하였고 이러한 전통들이 미국교회에 대단한 활력을 가져다주었다. 이것이 당시의 선교사들이 볼 때 선교사업의 훌륭하고 효과적인 도구로 보이게 되어 복음성가를 선교의 활성화를 위해 사용하였다. 이것이 한국교회에서도 그대로 이어지게 되었다.

3) 복음성가와 CCM의 차이

    CCM은 넓게 보자면 복음성가의 범주에 들어가는 것인데 오늘날의 사람들은 복음성가를 CCM과 혼동해서 생각하는 경향이 있다. 20세기 중반에 들어서면서 복음성가(Gospel Song)는 미국을 중심으로 새로운 모습을 내놓기 시작하는데 그것이 바로 CCM이다. CCM이란 말은 Christian Contemporary Music의 약자로서 '기독교현대음악'이란 뜻이고 다른 말로 하면 '기독교대중음악'이라고 할 수 있다. CCM은 미국에서 처음 시작되었으며, 1950년대부터 종교적이진 않았지만 다양한 도덕적 문제들에 초점을 맞추어서 작곡하고 노래되기 시작하였다. 그러던 중에 1960년대 말에 미국의 히피들이 구원을 받으면서 그들이 가지고 있던 록 음악이 함께 교회로 유입이 되고 그것이 찬송가에 스며들면서 CCM이 시작된 것이다.

    CCM의 시초는 1969년 래리 노먼(Larry Norman)이 '이 반석 위에'라는 곡을 발표하고, 그 후에 척 스미스(Chuck Smith) 목사가 '마라나타 음악 선교단'을 만들면서 본격적으로 CCM이 보급되게 되었다. 1970년대 중반에는 CCM 이라는 잡지가 생겨났고, 1978년에는 에미 그란트(Amy Grant)라는 가스펠 가수가 팝계에 등장하면서 교회 내에서만 존재하던 CCM이 일반 팝 음악 속에 파고들기 시작했다. 특별히 백효죽씨의 표현에 따르면 CCM은 팝음악에 속한 교회 대중가요로서 즉흥적이고 감성적인 면을 중요시하여 작곡되었고, 상업성을 중시하여 재정적 수익성, 유행성, 순간적 만족감, 유흥적, 감각적, 유동성 등의 특징을 근거로 하기 때문에 그 명칭을 RCM(Religious Commercial Music)으로 할 것을 제안하였다.

분명 CCM은 기독교에서 공헌한 바가 크다. 동시대에 걸 맞는 음악 스타일 사용으로 교회 회중들에게 쉽게 복음을 제시해 주고, 불신자를 교회로 인도하는 역할을 했다. 또 대중적 음악의 형태사용으로 전통적인 경배와 찬양에 담을 수 없었던 대중적인 말씀의 적용이 가능하게 했다. CCM에서는 도덕적 메시지나 격려, 축하의 내용을 담을 수 있었다.

그러나 CCM과 복음성가는 다른 것이다. 복음성가는 개체성, 영성적, 창의적, 헌신적, 제자의식, 고귀한 기쁨, 진실, 영적위로, 주님의 마음을 닮아가는 마음을 일으키며 삶의 기쁨을 주며 하나님의 말씀을 순종하며 사는 영적 신앙심을 불러일으키는 음악이다. 따라서 CCM과 복음성가를 같은 것으로 보는 것은 다소 무리가 있다. 엄밀히 말해 CCM과 복음성가는 다른 것이다.

제13장
기독교의 십일조

1. 십일조의 의미와 헌금

기독교에서 주일성수 만큼이나 신학적 논의의 대상이 되고 있는 것이 십일조의 문제이다. 십일조란 자기 수입의 10%를 교회에 헌금으로 드리는 기독교인들의 의무헌금생활이다. 십일조는 대다수 교단에서 교회법으로 정해져 있고, 심지어 세례를 받기 위한 신앙의 문답 안에도 성실하게 지킬 것에 대한 서약으로 들어가 있다. 그러나 주일성수나 십일조를 구약시대의 율법적 행위로 보고 신약시대에서는 지킬 필요가 없다는 입장을 가진 사람들도 있다. 다른 한편으로는 십일조의 문제를 쥬엣교수가 주일성수를 하나님의 구원사역에 대한 교회의 '결정적인 고백'이요, '감사의 간증'으로 본 것처럼 십일조도 같은 의미로 해석하는 입장도 있다.

그러나 분명한 것은 십일조에 대한 문제는 예수 그리스도께서 언급했던 중요한 신앙생활의 한부분이며 교회법 이상의 의미를 가지고 있다. 예수 그리스도로 인하여 모든 율법자체가 폐지된 것이 아니다. 오히려 율법의 정신과 뜻이 더 완전케 되는 것이다.

"내가 율법이나 선지자를 폐하러 온 줄로 생각하지 말라 폐하러 온 것이 아니요 완전하게 하려 함이라." (마5:17)
"그리스도는 모든 믿는 자에게 의를 이루기 위하여 율법의 마침이 되시니라." (롬10:4)
"우리가 믿음으로 말미암아 율법을 파기하느냐 그럴 수 없느니라 도리어 율법을 굳게 세우느니라." (롬3:31)

같은 맥락에서 구약의 제사는 예수님의 단 한 번의 십자가의 희생으로 영원한 제사가 되었다(히9). 제사장만이 드리던 제사를 이제는 누구든지 그리스도 안에서 왕 같은 제사장이 되어 하나님께 직접 나아가며 드릴 수 있게 되었다(벧전2:9). 구약의 율법과 계명은 예수의 하나님사랑과 이웃사랑의 새 계명으로 대치되었다(요13:34~35). 구원의 상징으로 행해지던 할례는 마음의 할례와 세례로 대치되었다(롬2:25~29). 마찬가지로 십일조헌금은 단지 소득의 10%가 아니라 모든 것이 하나님의 것이며 물질만이 아니라 마음, 몸, 시간, 재능 등 내가 가지고, 누리고 있는 모든 것을 주님께 드린다는 새로운 물질관의 상징이며 믿음의 표현이 된다. 그래서 예수 그리스도도 십일조의 행위와 담겨진 정신을 다 함께 지켜야 한다고 교훈하셨다.

"화 있을진저 외식하는 서기관들과 바리새인들이여 너희가 박하와 회향과 근채의 십일조는 드리되 율법의 더 중한 바 정의와 긍휼과 믿음은 버렸도다. 그러나 이것도 행하고 저것도 버리지 말아야 할지니라." (마 23:23)

그래서 초기기독교의 교부였던 이레니우스(Irenaeus, 140~203)는 말하기를 "유대인은 십일조를, 우리 그리스도인은 우리가 소유한 모든 것을 주님의 사용에 맡겨 버린다."고 하였다.

십일조가 교회법으로 정해진 것은 로마제국에서 기독교가 국교화 되면서 585년 마콘회의에서 공식적인 교회의 법으로 제정되었다. 이후 650년 루인회의, 660년 낭트회의, 750년 메츠회의를 통해 확인되었으며 768~814년에는 신성로마제국의 국법화가 이뤄졌다. 영국에서는 786년과 900년에 교회법으로 정해졌고 11세기에는 포르투갈, 덴마크, 아이슬란드교회에서도 교회법으로 정해졌다. 13세기에는 스웨덴에서 교회법으로 정해졌다. 십일조헌금제도에 대하여는 종교개혁시대 루터나 칼빈도 결코 부정하지 않았다. 더욱 놀라운 것은 21세기 현재에도 독일에서는 십일조가 교회법이 아닌 국법으로 정해져있다. 독일에서는 이를 종교세라고 하여 실수입의 8~9%를 국가에 세금으로 내고 있고, 이 세금은 자기가 신고한 종교의 교회(신교와 구교)로 들어가고 있다.

한국기독교에는 유달리 헌금의 종류가 많다. 그러나 기독교의 헌금은 엄밀히 구분하면 십일조와 감사헌금 두 가지로 구분된다. 십일조는 그리스도인의 의무헌금이요, 감사헌금은 자발적 연보(기부금)이다. 교회에서 드리는 모든 자발적 헌금은 아무리 그 종류가 많아도 감사헌금의 한 일종이다. 지금은 헌금이라는 용어로 거의 사용되고 있지만 예전에는 연보라는 용어를 더 많이 사용했다. 연보란 자발적 기부금이라는 뜻이다. 감사헌금은 자신의 상황, 사건, 의미에 따라 그 이름과 명목을 달리하여 얼마든지 드릴 수 있다. 그래서 종류가 많은 것이다. 그 감사헌금 마저 의무로 생각하는 해석으로 인해 헌금종류가 많다는 부정적인 시각이 생겨난 것이다. 감사헌금의 종류와 이유, 명목은 많을수록 좋다. 그 만큼 감사가 많고 나눔의 정신이 많아진 것이다. 교회의 헌금은 결국 선교와 이웃, 사회를 위해 사용된다. 그러므로 감사헌금이 많아지면 사회를 위한 기부금을 많이 한 셈이 되는 것이다. 좋은 현상이다. 결코 부정적인 일이 아니다. 연보가 많아지면 그만큼 사회는 밝아지고, 선한 사업이 왕성해 진다. 연보의 정신이 중요하다. 하나님이 내 선행을 기억하시고 받으심이 중요하다. 하늘의 창고에 내 보물이 쌓이는 것이 중요하다. 예수 그리스도께서 가르치신 헌금에 담긴 정의와 긍휼 그리고 믿음은 십일조뿐만 아니라 그 외의 헌금(연보)에도 동일하다.

2. 십일조의 정신과 방법

예수 그리스도는 십일조를 드리되 이것보다 더 중한 것이 십일조에 담긴 정의와 긍휼과 믿음의 정신이라고 하셨다. 그러면 십일조에 담긴 정의와 긍휼, 믿음이란 구체적으로 어떤 것일까?

구약성경에 나타난 십일조의 정의와 긍휼, 믿음은 3가지 십일조로 구분되어 지켜졌다. 첫째로, 제1의 십일조로서 제사장의 생계를 지원하며 성전에서 일하는 레위지파를 위한 헌금으로서의 십일조가 있었다. 두 번째는, 제2의 십일조로서 하나님의 성전을 수리하고 유지하기 위하여 드리는 하나님에 대한 사랑의 증거로서의 십일조였다. 셋째로, 제3의 십일조로서는 매 3년마다 고아와 과부, 나그네를 구제하기 위하여 드리는 십일조가 있었다. 이 십일조는 사회적 약자를 돕기 위해 드리는 십일조였다. 구약성경의 십일조는 국가의 국방, 왕실의 재정, 신앙공동체 유지 등 사회적 정의와 긍휼, 여호와 하나님에 대한 믿음의 정신 등의 의미가 담겨 있었다.

그러나 십일조에 대한 의미는 시대마다 특정한 부분을 특별히 강조하기도 하였다. 예언서에서는 파괴된 성전의 재건과 신앙의 회복, 하나님과의 관계회복, 모든 것이 하나님의 것이라는 상징의식으로서의 십일조를 강조하였다. 역대기역사에서는 회복된 영토 내에서 여호와 신앙의 회복을 강조하는 의미로서의 십일조를, 신명기역사에서는 가난한 자, 과부, 고아, 나그네, 이방인에 대한 관심과 보호를 위한 구체적인 믿음의 실천으로서의 십일조 의미를 강조하였다. 십일조에는 정의와 긍휼, 믿음의 정신이 들어있으며 시대마다 그 중 강조한 부분이 있었다.

그러면 십일조헌금은 어떻게 하는 것이 신앙적인 바른 자세일까?

첫째로, 온전히 힘써서 믿음대로 드려야 한다.

농경시대와 목축시대는 1년의 소득을 기준으로 십일조를 드렸다. 오늘날은 월급, 주급, 정규 소득 등에서의 십일조 같은 다양한 방식으로 드리고 있다. 그러나 중요한 것은 금액이 아니라 온전히 드리는 것이다. 온전히라 함은 목축시대의 경우 짐승의 십일조를 드리면서 온전치 못한 짐승, 곧 병들고 약하고 나쁜 것을 골라 드렸는데 그런 자세가 아니라 가장 좋은 것으로 기쁜 마음으로 기꺼이 드리는 자세를 말한다. 그리고 믿음대로 드려야 한다. 믿음의 분량을 따라 십일조가 아니라 십의 2조 혹은 3조도 드릴 수 있는 것이 십일조를 드리는 자세이며 방법이다.

둘째로, 청지기신앙으로 드려야 한다.

건강, 물질, 시간 등 내가 가진 모든 것은 하나님이 잠시 나에게 맡기신 것이다. 우리는 관리자일 뿐이다. 그래서 모든 것은 그리스도를 위하여 사용하여야 한다. 우리는 잠시 관리를 위임받은 사람이다. 주인되신 하나님께 하나님의 것을 돌려드리는 것이 헌금이다.

셋째로, 감사의 마음이다.

하나님께서 나 같은 사람을 위해 십자가를 지시고 죽으시고 구원해 주셨음을 그 사랑을 감사해서 드리는 감사의 예물이 되어야 한다. 또한 내가 받은 복과 은혜를 기억하며 감사하는 마음으로 드리는 것이 되어야 한다. 이것이 하나님께서 받으실 만한 향기로운 헌금이 된다.

넷째로, 헌신의 자세이다.

십일조헌금을 드리면서 나보다 힘들고 가난한 자, 어려운 이웃을 생각하며 하나님을 향한 헌신으로 주고 나누는 자세이다. 내 것이 많아서 풍부해서가 아니라 작지만 나보다 어려운 이웃을 위해 기꺼이 나누는 마음의 헌신이다. 이 마음으로 드려야 진정한 십일조가 된다.

다섯째로, 자발적 태도이다.

억지로 혹은 의무감으로 드린다면 이것은 온전한 십일조의 정신과 거리가 먼 것이다. 자기의 가진 것에서 스스로가 자원해서 즐겁게 드리는 헌금이어야 한다. 할 마음이 중요한 것이다. 그래서 사도 바울은 모든 헌금의 자세를 한 마디로 이렇게 교훈했다.

"할 마음만 있으면 있는 대로 받으실 터이요, 없는 것은 받지 아니하시리라." (고후8:12)

제 5 강

한국 기독교의
이해

제14장
한국기독교의 역사

1. 유럽교회의 한국선교

한국기독교는 구한말부터 유럽교회들에 의해 본격적으로 선교사들이 입국함으로써 시작되었다. 그러나 유럽교회의 한국에 대한 선교는 아름다운 결실을 남기지 못하고 문만 두드리다가 지나가 버린 결과였다. 한국 땅에 최초로 발을 내딛은 사람은 1627년 네덜란드 사람인 벨트브레(J. J. Weltvree, 한국명 박연)이다. 그는 일본으로 가던 중 풍랑을 만나 표류하다가 제주도에 상륙한 후 조선에 들어온 최초의 서양 사람이 되었다. 그는 한국여자와 결혼하여 살면서 서양의 문물을 소개하는 등 적극적인 활동을 하였다. 벨트브레를 이어 1653년에 네덜란드인 하멜(Hendrick Hamel) 역시 제주도에 상륙한다. 그는 장로교신자였으며, 항해 중에 표류되어 14년이나 한국에서 억류되어 살다가 본국으로 돌아간 자로 그의 '표류기'를 통하여 한국이 유럽에 소개되었다.

이후 1816년 중국 최초의 선교사 모리슨(Robert Morrison)은 영국정부가 파견한 사절단 일행으로 알세스트(Alcest)호를 타고 황해도 근처를 탐사하며 소청도에 이르렀고, 이어 선교사들은 한국에 복음을 전하기 위하여 다방면에서 선교의 문을 두드리게 된다. 1832년에는 칼 구출라프(Karl F. A. Guezlaff) 목사가 황해도 장산곶, 백령도, 대청도, 소청도를 돌면서 성경을 나눠 주었고, 충청도 홍주만에 정박하여 전도하는 등 그는 한국을 최초로 방문한 기독교선교사이다. 기독교 최초의 순교자는 로버트 토마스(Robert J. Thomas) 목사이다. 영국 웨일즈 태생으로 런던 선교회의 파송으로 중국에 왔다가 대동강에서 순교하였다. 1866년에는 스코틀랜드 연합 장로교회 소속 목사인 알렉산더 윌리암슨(Alexander Williamson)이 토마스 목사 순교 후에 한국 선교에 대한 깊은 관심을 가지고 만주순회전도를 시작하였고, 고려문에 와서 많은 한국 사람들을 만나는 대로 성경과 전도지를 나누어 주었다. 그는 한국선교에 대한 지나친 열의로 해서 한국에 대한 유럽기독교 여러 나라의 무력간섭을 꾀하였고, 그 무력시위를 통해서도 개국을 강요해아 할 것을 주장하기도 하였다. 다음의 주요한 유럽선교사로서는 존 로스(John Ross)와 매킨타이어(J. McIntyre) 목사가 있다. 이들은 1872년에 만주에서 조선 선교에 관심을 가지고 있었다. 1873년 때마침 의주 청년들 이응찬, 이성하, 백홍준, 김진기를 만나 신(新) 문화를 가르쳐 주고, 1876년 중국 우장에서 이들에게 세례를 주었다. 이들은 최초의 한국인 세례교인이 되었으며, 선교사들에게 한국말을 가르쳐주었다. 이들로 말미암아 1883년에 사도행전과 마가복음, 1884년에 마태복음이 발간되었다. 세례를 받은 그들을 통하여 한국어 성경을 번역하여 1887년에는 로스번역 신약성경이 완간되었다.

이상에서 본 것처럼 선교사들이 한국 변방에서 선교를 시도한 것처럼 한국인 전도자들도 만주에서 선교와 복음전도의 강한 시도를 진행하고 있었다. 선교사에게 세례를 받은 청년들이 성경을 번역하고 활발한 복음전도를 한 점은 한국복음전도 역사상 특이할 만한 것이다. 이런 일이 만주에서 일어나고 있는 동안에 일본에서는 이수정이라는 청년이 1883년 4월 29일 주일에 동경에서 야스가와(安川亨) 목사에게 세례를 받게 되었다. 그는 그곳에서 성경연구에 전력하였고, 1884년에는 한문에 토를 단 한문 신약성서 복음서와 사도행전을, 1885년에는 〈신약 마가전 복음셔 언해〉를 출간했다.

오랜 시간 동안 선교사들은 중국과 만주 등 외지에서 선교의 문을 두드리며 선교의 원정을 통하여 한국에 대한 정보를 수집하였고, 한국기독교 초기 의주 청년들과 이수정의 국외에서의 복음사역과 성경번역 사역은 한국 교회에 지대한 큰 업적으로 평가된다. 이렇게 피선교지의 자국민이 국외에서 세례를 받고, 복음사역에 헌신하는 모습은 한국 초기 기독교의 큰 특징 중 하나이다. 이러한 초기 한국기독교의 선교와 전도에서는 몇 가지 특별한 점이 있었다. 첫째로, 복음전도의 뛰어난 자립성이다. 둘째로, 재생산체제로 전환된 제자훈련 시스템이었다. 셋째로, 복음전도의 빠른 기동성이었다. 이렇게 된 데에는 무엇보다도 초기한국기독교에는 신약에 나타난 초대교회처럼 하나님의 섭리 하에서 나타난 성령의 강력한 역사가 있었기 때문이었다. 이러한 초기한국교회의 선교와 전도의 방법과 특성들은 지금 한국교회가 당면하고 있는 선교와 복음전도의 방향성과 전략에도 큰 교훈을 주고 있다.

그러나 이들의 한국기독교 초기선교는 기독교의 한국정착에는 실패하였다. 그 이유는 유럽형의 서구교회가 기독교국의 관념에 서 있었기 때문에 그것이 관계되는 한 로마교회의 형태적 동일성이 두드러졌고, 그에 따라 시대적으로나 교회론적으로 한국풍토에 도입될 가능성이 희박했기 때문이다. 반면에 이것은 순수한 형태의 복음, 소위 복음주의적이고 부흥회 타입의 교파적 교회에서는 큰 성과를 거둘 수밖에 없었다는 성공의 필연성을 가지고 있기도 했다. 이렇게 유럽교회의 한국 정착은 실패로 돌아갔지만 그들이 성서를 보급함으로써 기독교선교의 기반을 닦은 점에서는 한국교회사에서 길이 빛날 공헌을 하였다. 특히 존 로스와 매킨타이어가 한국청년과 함께 성경을 번역한 것과 그들과 관련된 한국인 전도자들의 공헌으로 말미암아 한국교회의 역사가 시작되었다는 점은 한국기독교만의 특별한 역사라고 할 수 있다.

2. 미국교회의 한국선교

한국에 정착된 기독교는 미국교회 주도의 교파형 기독교였다. 미국교회의 여러 교파들 중에서 처음으로 한국주재 선교사를 파송한 교파는 미국 북 장로교회였다. 한국에서 체재하면서 일한 최초의 선교사인 알렌(Horace Newton Allen, 1858~1932)이라는 의사도 미 북 장로교 선교부에서 파송한 사람이었다. 알렌은 1883년 10월 11일 상해에 도착하여 지내던 중 중국 산등성 주재 미국선교사 레이드가 본국 선교부에 한국선교의 필요성을 회고하자 한국으로 갈 것을 결심하였다. 알렌은 1884년 6월22일 서울에 들어왔으나 선교사로 들어올 수 없었기에 미국 영사관에서 일하면서 전도하였다. 갑신정변

(1884년)으로 민영익이 상처를 입었었는데 이를 알렌의 의술로 치료하는 계기로 말미암아 알렌은 왕실의 의관으로 임명되고, 광혜원이라는 병원을 설립하게 되었다. 이 계기로 미국 선교사 언더우드가 한국에 들어오게 되었고 이로써 본격적인 한국 기독교선교가 시작되었다. 이후 미국 북 장로교는 해방 전까지 약300명의 선교사들을 한국에 파송하여 한국에서 장로교회가 가장 큰 교세를 차지하게 하는데 공헌하였다.

다음으로는, 미국 남 장로교의 선교이다. 남 장로교의 한국선교는 북 장로교회보다 8년 늦게 시작되었다. 그것은 1891년 10월에 안식년으로 귀국한 언더우드가 내슈빌에서 모인 외국선교를 위한 신학교 협의회에서 한국선교를 호소함으로 시작되었는데 이것이 계기가 되어 데이트(L.B.Tate), 존슨(C.Johson), 레이놀즈(W.D.Reynolds) 등이 선교사로 임명받고 1892년 내한하였다. 이것이 남 장로교회의 한국선교의 시작이었다. 그 후 이들은 최초의 선교지부를 전주에 세웠고, 이어서 1898년에는 목포에 지부를 세우는 등 호남지방과 제주도를 포함한 한국 남서부지방은 사실상 한국에 온 남 장로교 선교부에 의해 복음의 씨앗이 뿌려졌다. 남 장로교선교사는 해방 전까지 178명이 내한하였다.

다음은, 미국 북 감리교의 선교이다. 1885년 4월 5일 아펜젤러(H. G. Appenzeller)가 제물포에 도착함으로 감리교의 선교가 개시되었다. 아펜젤러는 부인과 함께 내한했다가 국내사정이 어수선하여 잠시 일본에 갔다가 두 달 후에 다시 내한하여 1886년 배재학당을 세우고 교육사업과 함께 성서번역을 위해 일생을 바쳤다. 사실상의 감리교 선교부 개설은 아펜젤러보다 1달 늦게 5월 3일 내한한 스크랜튼(William B. Scranton)에 의해 이루어졌다. 스크랜튼은 서울 정동에서 병원사업으로부터 선교사업을 시작했다. 그의 어머니 메리 스크랜트 여사는 이화학당(오늘의 이화여대)을 세워 우리나라 최초의 여성교육을 시작하였다.

다음은, 미국 남 감리교의 선교이다. 남 감리교의 한국선교는 1895년에 시작되었다. 남 감리교의 선교는 갑신정변 이후 중국에 망명하여 상해에서 한국인 최초의 감리교인이 된 윤치호가 1887년 미국에 유학하여 남 감리교 본부에 한국선교를 요청함으로써 이루어진 것이다. 그 후 1895년 10월 31일 중국에 있던 리드(C. E. Reid)가 내한함으로 선교에 동참하게 되었다. 남 감리교는 서울과 개성 및 춘천 이북의 강원도 지역에서 주로 선교하였다.

3. 여러 교파들의 한국선교

한국선교에 관심을 가지고 선교사를 파송한 미국 외 교파로는 호주의 빅토리아 장로교선교가 있다. 호주 장로교 해외선교회에서 1889년 파송한 선교사 데이비스(J. H. Davies) 목사와 그의 누이동생이 입국하였다. 호주 장로교회는 당시 교세가 3만5천명 밖에 안되는 작은 교파였지만 선교열은 왕성하였다. 이들은 경상도 일대를 무대로 삼아 선교하면서 한국선교에 체계적으로 임했다. 그러나 데이비스는 너무나 먼 거리를 도보로 여행한 것이 무리가 된 상황에서 안타깝게도 천연두에 감염되어 입국한지 1년 만에 부산에서 세상을 떠나고 말았다. 그럼에도 불구하고 이 사건으로 호주 전체 장로교에서는 한국선교에 대한 열기가 높아져 이후 해방 전까지 77명의 선교사가 내한하여 경남지방을 중심으로 선교하였다. 호주장로교는 경남지방을 중심으로 농촌교회와 부녀자 교육을 위해 남다른 공헌을 하였다.

다음은, 영국국교회 곧 성공회의 선교이다. 성공회에서는 영국 해군 군목이던 코르프(C. J. Corfe) 신부를 1889년 11월 1일 웨스트민스터 사원에서 한국주교로 임명하고 이듬해 한국

선교사로 파송 9월 29일 내한함으로서 성공회의 한국선교가 개시되었다. 성공회의 한국에서의 첫 교회는 1891년 5월 17일에 서울 충무로(지금의 대연각 건물이 있는 지역)에 선교본부와 함께 성당을 건축하고 그 이름을 "부활의 집"이라 하고 공동생활을 개시했다. 이들의 초기선교방법은 엄격한 청빈과 기도생활을 하면서 서울과 인천에서 의료사업과 고아들에 대한 구제사업 및 출판을 통한 문화사업을 전개하는 것이었다. 동시에 장로교, 감리교와 함께 성서번역사업도 연합적으로 진행시켰다. 그리고 선교초기부터 성공회는 한국문화의 토양에 깊이 뿌리내리려는 열망으로 "문화화"에 힘썼으며 한국학 연구에 상당한 관심을 보였다. 1914년 4월에 와서는 한국인 성직자 양성을 위한 신학교육기관인 성 미가엘 신학원을 개원하고, 1915년 12월 21일에 최초의 한국인 신부로 김희준씨를 서품하였다.

다음은, 캐나다 장로교의 선교이다. 캐나다의 한국선교 시작은 특수했다. 캐나다인으로서 처음 한국에 온 사람은 맥캔지(William J. Mckenzie) 목사였으나 그는 그 교파의 공식파견 선교사가 아니고 개인자격으로 내한한 열정의 청년이었다. 1893년 12월에 오직 한국선교에 대한 꿈을 안고 선교회의 배경 없이 독립적으로 선교를 감행했던 것이다. 그는 서울에서 몇 달을 보낸 뒤 벽촌 황해도 장연의 솔내에 가서 한복을 입고 한식을 먹으며 이 민족과 함께 생활을 하였다. 청일전쟁을 앞둔 시기에 그는 한때 일본을 위한 정탐꾼으로 오인되어 신분이 위태로워진 사건도 발생하였다. 그러나 그는 결코 굴하지 않고 복음을 전파하는 일에 전심전력하였다. 맥캔지 목사는 가는 곳곳에서 예배처소를 마련한 다음에 다른 집과 구별하기 위하여 십자가를 그린 깃발을 만들어 달았다. 한국 북부지방에서부터 십자가 표식으로 교회당을 구별하는 방법이 퍼진 것은 결코 우연이 아니다. 그가 한국에 머문 기간은 길지 않았지만 성심성의껏 그리스도를 전한 생활은 우상숭배를 버리고 기독교로 개종하는 사람을 속출케 하였다. 그는 너무나 과로한 몸에 일사병까지 걸려 고열로 신음하다가 1895년 세상을 떠나고 말았다. 이 죽음이 계기가 되어 캐나다 장로교회에서는 정식으로 한국선교를 결의하였고 이에1898년 9월 그리이슨(R. Grierson), 푸트(W. R. Foote), 맥레(D. M. Mcrae) 등이 내한함으로 한국선교가 시작되었다. 캐나다 장로교에서는 1925년 본국에서 감리교회 등 다른 교파들과 연합하여 캐나다 선교연합회를 결성하여 계속 한국선교를 하였는데 이들의 활동 무대는 주로 함경도와 간도지방이었다.

다음은, 침례교의 선교이다. 침례교의 한국선교는 팬 위크(Malcolm C. Fenwick)에 의하여 시작되었다. 그의 선교는 캐나다 장로교선교사 맥캔지와 유사했다. 그는 캐나다 토론토 출신으로 선교를 위해 내한할 때 아무런 선교기관의 배경이 없이 1889년 개인자격으로 왔다. 그는 서울에서 10개월 정도 우리말을 공부하고는 황해도 솔내에서 자리잡고 그 곳 주민들과 의식주를 같이 하면서 열심히 전도하였다. 그러나 많은 개종을 얻을 수는 없었다. 그는 충청도에서 재정문제로 한국선교를 중단한 미국 침례교 계통의 엘라딩기념선교회를 흡수하기도 했으나 잘 감당하기 어렵게 되자 그곳 한국인이 직접 선교회를 운영케 하였다. 이와같은 경험을 통하여 팬 위크는 선교는 외국선교사들에 의해서보다도 본토인 한국 사람들 자신에 의해 증거 되어야 더 큰 수확을 얻을 수 있다는 것을 깨닫게 되었다.

다음은, 러시아 동방정교회의 선교이다. 1898년 1월 암브로시 신부가 내한하여 러시아 공사관 안에 성당을 마련하고 선교를 시작했으나 공사관 직원을 대상으로 한 소극적 선교에 국한 되었으며 한국인을 대상으로 한 선교까지는 확장되지 못했다. 오히려 노일전쟁(1904~1905)에서 러시아가 패하고 러시아 공사관이 폐쇄된 이후 본국 귀환을 거부한 선교사들에 의해 정동에서 본격적인 한국선교가 이루어졌다. 그러나 1917 년 러시아 본국에서 볼세비키 혁명이 일어남으로서 러시아 정 교회의 한국선교는 사실상 폐쇄되고 말았다. 그러나 널리 시 베리아 쪽에서는 가난 때문에 이민간 숱한 우리 조선 사람들 이 러시아 동방정교회에 입교하고 있었다. 얀치히라는 마을에 서는 4백여 가구가 교회에 등록하는 일이 발생했다. 이는 우리 네 가난한 이주민들이 제정 러시아의 국교인 동방정교회에 입 교해서 그 국민으로서의 특권을 누리고자 함이었다.

다음은, 구세군의 선교이다. 민중지향적 교회인 구세군은 1908년 10월에 영국인 선교사인 허가두(R. Heggard) 정령이 그 일행과 함께 서울에 와서 서대문 평동 96번지(지금의 고려 병원 뒤쪽)에 자리 잡음으로 그 선교를 시작하였다. 처음에는 노방에서 전도하고 실내집회는 허가두의 집에서 하였으나 참 가인원이 늘어남에 따라 한 달 후에 지금의 구세군과 새문안 교회 중간에 서울 1영(교회)을 개척하였고, 이어서 12월에는 서울 제2영을 개척하였다. 그들은 군복차림으로 노상에서 나 팔을 불고 북을 치면서 사람을 모은 다음에 열심히 전도하였 다. 한일 관계가 험악한 그 시절에 군복차림 때문에 오해를 받아 종종 변을 당하기도 하였고 곤경을 겪기도 하였다. 또 이들은 1909년 서울에서 총회를 소집하여 본영을 확립하였으며 구세군 본래의 사명인 빈곤과 사회악을 제거하는 일과 또한 복음의 전달을 위하여 적극적인 선교활동을 하였다.

다음은, 성결교의 선교이다. 성결교는 처음부터 교파로 시작한 교회는 아니었다. 초교파적인 동양선교회에서 출발해 설립된 교파라고 할 수 있다. 성결교는 1907년 일본유학을 마치고 귀국한 두 선교사, 즉 김상준과 정빈에 의해 시작되었다. 김상준과 정빈은 일본 동양선교회가 경영하는 성서학원을 졸업한 후 서울 무교동에 집 한 채를 매입하여 복음전도관을 개설하여 전도를 하였다. 처음에 그들은 교파의식을 가지지 않았다. 그리하여 그들은 악대를 동원한 노방전도와 호별방문을 통한 전도로 얻은 결신자들을 인근 교파교회로 인도하였다. 1901년 일본에서 설립된 동양선교회는 그 설립목적을 동양지역의 많은 사람들에게 복음을 전파하는 것에 두었기 때문에 전도표제로서 중생, 성결, 신유, 재림을 강조하였다. 이 전도표제는 매우 간결하여서 대중전도 하기에는 효과적이었다. 마찬가지로 성결교 선구자들도 그런 정신으로 전도만을 열중하였다. 그러다가 기구조직이 불가피할 정도로 신도의 수가 성장하자 교단을 형성하지 않을 수 없었다. 1921년 9월부터는 정식으로 성결교라는 이름을 사용하기 시작하였다. 김상준과 정빈이 무교동에서 전도하기 시작한 지 3년 만에 영국사람 토마스(John Thomas)가 감독으로 부임하였으며, 1921년 9월 동양선교회 창설자 길보른(E. A. Kilborne)이 서울에 머물렀는데 이때 길보른과의 의사소통의 문제로 인하여 교단의 정치제가 감독제에서 고문제로 바뀌게 되었다. 이로써 최초의 고문은 이명직, 이명헌, 부릭스부인 등 세 명이었다. 이들은 이미 1911년 3월 서울신학대학의 전신인 경성성서신학원을 세워 교직자 양성에 주력하여 왔었고, 1922년 축호전도를 경상남도에서부터 함경남도 혜산지에 이르기까지 실시하여 교세를 크게 확장시켰다.

다음은, 일본교회의 선교이다. 한일합방을 전후로 하여 일본교회의 한국선교도 활발하게 추진되었는데 일본교회의 한국선교는 크게 두 종류로 구분된다. 첫째는, 한국에 진출해 있는 일본인들을 대상으로 한 선교이고 둘째는, 한국인들을 대상으로 한 선교이다. 당시 일본의 3대 교파라고 할 수 있는 일본 조합교회, 일본 감리교회, 일본 기독교회가 있었는데 이들은 한국 내 일본인을 위한 교회설립 및 전도활동을 하였다. 그러나 한국인을 대상으로 하는 전도는 조합교회에서만 이루어졌다. 특히 일본의 조선병합 야욕이 노골화되면서 한일합병이야말로 한일 양국국민의 행복을 누리는 유일한 길이라고 보고 이것을 '조선전도'의 기본정신으로 삼았다. 일본 조합교회내의 극우파인 에비나, 와다세는 1909년 4월 내한하여 한국선교의 기틀을 잡았고, 1911년 와다세의 한국진출로 일본 조합교회의 한국선교가 본격화되었다. 조선 총독부의 막강한 지원을 등에 업고 추진된 조합교회의 한국선교는 1919년 이후 '조선회중교회'로 이름을 바꾸어 해방 전까지 활발한 활동을 하였다.

이 외에도 해방 전까지 한국에서 선교한 교파로는 그리스도의 교회, 오순절교회, 나사렛교회, 자유교회, 자치교회, 하나님의 교회, 조선 기독교회, 조선 복음교회, 예수교회 등이 있으며, 이 교파들도 각기 교단조직을 갖추고 한 교파로서 교세를 확장해 갔다. 이 시기에 이단인 여호와의 증인과 안식교도 들어와 활동을 전개하였다.

제15장
한국기독교의 교단과 분열

1. 한국기독교의 교단형성

앞에서 살펴본 대로 한국기독교 선교역사의 특징은 교파중심의 선교사들이 들어와 복음을 전파함으로서 한국에 들어온 기독교는 철저한 교파형 교회였다. 특히 미국에 뿌리를 두고 있는 각종 교파 선교부들이 다른 교파 선교부들과의 연합이나 대화 없이 독자적으로 한국선교를 함으로써 복음을 받아들이는 한국의 입장에서는 기독교를 교파적 종교로 받아들일 수밖에 없었다. 결국 한국기독교는 그 초기부터 선교의 주체가 되는 선교부 및 선교사에 의해 성격이 규정되는 교파형 교회가 될 수밖에 없었다. 이같은 선교의 역사 속에서 한국기독교의 교단형성은 매우 자연스러운 것이었다.

가장 먼저 그리고 가장 큰 규모로 한국에 선교한 교파는 장로교였다. 미국의 남, 북 장로교, 캐나다의 장로교, 호주의 장로교 등 3나라의 장로교단이었다. 이로써 한국에서는 장로교의 전파가 가장 먼저 시작되었다. 이들 네 장로교단은 본국의 해외선교부 조직 밑에 한국선교회를 두고 선교사업을 추진하는 한편, 한국 안에서의 다른 선교회 선교부와 연합전선을 펴 나갔다. 1889년 장로교선교부 연합조직이 처음 이루어졌다. 당시 한국에 나와 있던 미국 북 장로교 선교회와 호주 장로교 선교회가 연합하여 〈미국 북 장로회 선교 및 빅토리아 선교 연합 공의회〉를 조직하였다. 약칭 '장로회공의회'로 알려진 이 조직의 초대 회장은 헤론이었고, 서기는 데이비스였다. 약칭 장로회공의회는 1890년 데이비스의 사망으로 자연 폐지되었으며, 1893년에 이르러 남 장로회선교회와 연합하여 〈장로회 정치를 쓰는 선교공회〉를 조직하였다. 이 공의회의 설립목적은 "조선지에 갱정교신경 장로회정치를 사용하는 연합교회를 설립"하는데 있었다(朝鮮地 更定敎信經 長老會政治 使用 聯合敎會 設立). 처음에는 미국의 남, 북 장로교 선교회만으로 이루어졌으나 캐나다 장로회 및 호주 장로회 선교회에서도 가입하게 됨으로 명실공히 장로교 선교연합협의체가 되었다. 그러나 이 조직은 친목단체의 성격을 띠고 있을 뿐 정치적 기능은 사실상 없었다. 이 조직이 정치적 기능을 갖게 된 것은 1901년에 〈조선예수교장로회공의회〉로 조직을 확대하면서부터이다. 이 공의회 조직부터 비로소 한국인도 그 회원으로 참석할 수 있게 되었는데, 1901년 초대 공의회회원에는 1900년 장로로 안수 받은 김종섭과 1910년 장로 안수를 받은 길선주, 방기창과 한국인 조사 6명이 참여하였고, 선교사는 25명이었다. 이 공의회는 다시 〈한국어를 사용하는 회〉와 〈영어를 사용하는 회〉로 구분되었고, 교회자치권은 〈영어를 사용하는 회〉에 있었다. 이처럼 하나의 공의회 안에 두 종류의 소회를 두고 가던 중 먼저 호주 장로교에서 모든 선교회를 통괄하여 처리할 수 있는 자유장로회 설립을 건의하여(1902), 이에 대한 다각적인 연구와 준비 작업을 거쳐, 1905년 각 선교회는 본국 교회에 독립된 하나의 장로회 설립을 요청한 바 각 선교부는 〈조선연합 자유 장로회〉 설립을 승낙하기에 이르렀고, 1907년 마침내 한국인 7명이 목사로 안수 받아 〈대한 예수교 장로회 노회 (일명 독노회)〉가 이루어지게 되었다. 이 독노회는 1912년 7개 노회로 발전 분립되면서 비로소 한국의 장로교단 조직이라 할 수 있는 〈조선예수교장로회총회〉가 되었다.

다음의 한국기독교의 대표적 교단은 감리교였다. 감리교단의 경우는 장로교단보다 훨씬 늦은 속도로 교단형성이 이루어졌다. 미국 남 감리교단은 1885년 한국선교를 시작하면서 〈

한국선교회〉(The Korea Mission)를 통해 선교 및 치리기능을 행사하였고 이것이 1905년에야 〈한국선교회〉(The Korea Mission Conference)가 되었으며, 1908년 비로소 〈조선연회〉(The korea Annual Conference)가 되어 사실상 독립된 교회 정치체제를 갖추었다. 미국 남 감리회는 1897년 한국선교를 개시하면서 〈한국선교회〉를 조직하여 중국연회의 관할 하에 두었고 1914년 비로소 〈조선선교 연회〉가 되었으며 1918년에야 〈조선연회〉가 되었다. 감리교단은 장로교단과 같이 공식적인 선교회연합기구는 갖지 못하고 있었으나 선교 초기부터 신학교육을 통해 공동보조를 취하고 있던 미국 남, 북 감리교는 1924년부터 두 교단 합동이 본격적으로 논의되어 1930년 12월 마침내 통합된 감리교단 조직인 〈기독교 조선 감리회〉라는 총회를 구성하였다.

다음의 한국기독교의 주요교단은 성결교단이었다. 성결교단은 처음에는 교단형성을 목표로 생성된 교회이기보다는 순수한 전도에만 주력했던 '동양선교회'로 시작한 교단이다. 그래서 동양선교회를 통해 1921년까지 15년간 전도활동하면서 설립된 교회 수는 불과 33개 밖에 되지 못하였다. 그러나 선교회가 점차 성장해가면서 교단 없는 선교단체는 크게 성장할 수 없다는 사실을 깨닫게 되었고 이제는 선교회에서 교단으로의 탈바꿈은 불가피한 현실이 되었다. 그리하여 한국의 동양선교회는 그 이름을 1921년 9월에 〈조선예수교 동양선교회 성결교회〉로 바꾸고 동양선교회 설립자 길보른이 한국감독과 경성성서학원 원장직을 겸직하면서 본격적인 교단조직을 하고, 교단교리도 정립하게 되었다. 성결교단은 1929년 감리교회 조직을 본 딴 〈조선연회〉를 조직하고, 다시 1933년 4월에는 〈조선성결교회총회〉를 창립하면서 점차로 교단으로서의 면모를 갖추고 성장하기 시작했다. 성결교단은 일제 시대에 다른 교단보다 예수의 재림사상과 신사참배 항거가 강했다. 재림사상은 성결교의 전도표제이기도 하였다. 일본은 태평양 전쟁이 점점 불리해지자 최후 발악으로 선교사들을 모조리 스파이로 몰아 강금 또는 추방하였고 동양선교회 선교사들도 1940년까지 모두 추방되었다. 그리고 성결교회의 주된 전도방법인 구령집회, 심령부흥회가 음으로 양으로 방해를 받고 부흥강사들은 예비검속을 당하기도 하였다. 일본은 마침내 재림을 고조하는 교단은 "모두 폐쇄하라"는 명령을 내리고, 1942년 6월 26일에 일본성결교회의 목사들은 모두 "예수의 재림을 믿는다"하여 감옥에 잡아 가두고 1년에서 4년까지의 징역형을 내렸다. 1943년 4월 7일에는 일본에 있는 모든 성결교회를 '종교결사금지령'으로 문을 닫아 버리게 하였다. 1943년 5월 초 조선성결교회 총회가 서울에서 열렸는데 이것이 일제치하에서 마지막 총회였다. 일제경찰은 주일 다음 날인 1943년 5월 24일 아침 5시를 기하여 일제히 검속을 감행하여 200여 남,녀 교역자와 장로와 남녀 집사 100여 명을 검속하였으며 이 때에 재림을 고조하는 안식교단과 침례교와 하나님의 교회 교역자들과 함께 구속당하게 되었다. 그리하여 성결교단은 1943년 9월부터 주일 밤 집회와 삼일기도회 야간집회를 금지 당하고, 마침내 12월 29일에는 그들이 만든 소위 "성결교회 해산명령서"를 가지고 강제해산시키고 말았다. 성결교단은 일제치하에서 가장 먼저 강제해산을 당한 교단이 되었으며, 이 때 흩어진 신자들은 신앙을 찾아 장로교와 감리교 등으로 흩어져 들어가고 말았다.

다음의 한국기독교의 주요교단은 침례교이었다. 침례교단은 팬 위크에 의해 한국선교가 시작되어 1906년 미국 북 침례교의 엘라딩기념선교회의 사업을 인수하고 〈대한기독교회〉를 조직하였다. 1921년에는 이 교단 이름을 "동아기독교회"로 변경하고, 1933년에는 다시 "동아기독대"로 바꾸었다가, 1940년에는 "동아기독교"로 변경시켰다. 1893년 장로교와 감리교가 전국을 그들의 선교지로 분할하자 팬 위크는 "대한기독교"의 선교지역을 국외로 과감하게 옮겼다. 그리하여 그는 만주일대와 시베리아 그리고 몽고에까지 선교를 하였다. 해방 직전인 1944년에는 성결교단에 이어 강제해산당하는 비운을 맞게 되었다. 해방 후에는 1949년 총회에서 미국 남 침례교와 관계를 맺고 비로소 그 교단 명칭을 "대한기독교침례회"라고 고치면서 오늘날의 침례교단으로 출발하기에 이르렀다.

그 밖의 한국기독교 교단들로는 구세군이 있다. 구세군은 1910년 10월 한국인 21명이 사관학교를 졸업하고 사관으로 처음 임관됨으로 구세군 총회를 그 해에 조직할 수 있었다. 1918년부터는 구세군 특유의 사회봉사사업을 시작하였다. 이 사업은 주로 본영의 보조와 독지가들의 헌금과 그리고 정부의 보조로 운영되었다. 그러다가 1928년 12월부터 유명한 "자선냄비"가 등장한 것이다. 1928년 시작된 자선냄비 전통은 우리나라뿐만 아니고 구세군이 있는 나라마다 계속되고 있다.

한국기독교의 교단 중 성공회는 선교시작 때부터 한국교구를 설정하고 주교로 코르프 신부를 임명하였고, 처음 선교 시작할 때에는 〈대영종고성교회(大英宗古聖教會)〉란 조직 하에

선교하다가 후에 〈조선성공회〉로 이름을 바꾸었다. 1914년 성 미가엘 신학원을 개원하고 1916년 5월에는 교구회가 조직되었으며, 조선성공회의 기본교리와 전례에 관한 선언이 있었고, 헌장 법규도 제정하였다. 1941년 선교사들이 일제에 의해 강제추방 당하였으나 해방과 더불어 세시 주교의 귀환으로 조선성공회가 재건되었다.

이 밖의 한국기독교의 교단으로는 늦게 시작된 순복음교회로 알려진 기독교대한하나님의성회 교단이 있다. 이 교단은 대한기독교 오순절교회가 그 모체인데 이 교회는 1928년 미스 럼시(Miss Rumsey)가 개인자격으로 오순절교회의 복음을 가지고 일본을 거쳐 입국, 당시 구세군(救世軍) 본영에 근무하던 충청남도 보령(保寧) 출신 허홍을 만나 선교를 개시한 것이 그 시작이었다. 원래 뉴욕시 근교의 감리교회 성가대원이었던 럼시는 1906년 4월 이른바 로스앤젤레스 대부흥 때 로스앤젤레스 천막집회에서 은혜를 받아 '한국으로 가라'는 하나님의 음성을 듣고 감리교 계통 신학에서 공부를 하였다. 럼시 선교사는 하디(R. A. Hardy) 목사가 기거하던 한국최초의 병원 시병원(施病院)에 여장을 풀고 발길 닿는 대로 걷다가 구세군 본영의 문을 두드렸고 허홍을 만나게 되어 함께 선교를 하며 처음

세운 것이 서빙고교회였다. 1932년 일본에서 오순절계 신학교를 졸업하고 목사가 되어 귀국한 경상북도 군의(軍儀) 출신 박성산(朴聖山)이 이 교회를 담임하였다. 박목사는 오순절적 방법으로 방언(方言), 신유(神癒), 권능을 강조하며 〈성령세례의 증거는 방언〉이라고 주장하였다. 이에 한국 기성교회들은 〈의미 모를 발성은 광언이요, 망언이라고 이단시하였고, 신랄한 비판을 가하며 〈방언파〉니 〈딴따라파〉니 하고 불렀다. 1930년 럼시의 요청으로 미국 오순절교회 신도 팔선 선교사가 개인자격으로 선교 차 내한했고, 그는 또 영국 오순절교회 신도 베시라 메르테드를 불러들였는데 그들 역시 개인자격으로 들어온 선교사들이었다. 그들은 박성산의 후배로 그 이듬해 신학교를 마치고 귀국한 배부근(裵富根)과 함께 사직공원 앞에다 수창동교회를 세웠다. 1938년 10월 첫 안수식이 조선오순절교회 선교본부인 정동의 시병원에서 있었고, 허홍, 박성산, 배부근 등이 임직되었다. 그러나 1940년 10월 일제의 선교사에 대한 완전철수 강요에 따라 선교사들이 다 철수하고 이후 교회도 폐쇄되었다가 1952년에 이르러 〈기독교대한하나님의성회〉라는 교단명을 사용하기 시작했다.

2. 한국기독교의 분열

1) 선교정책의 차이와 한국기독교 분열

한국교회의 분열은 한국에 기독교가 들어온 초기시절부터 배경을 가지고 있다. 한국기독교는 각 교파들의 선교로 시작된 교파형 교회였다. 그러므로 초기부터 분열의 가능성이 내재된 교회였다. 선교초기 한국교회는 두 진영으로 나뉘어져 있었다. 그것은 알렌의 장로교 진영과 언더우드, 아펜젤러, 스크랜톤의 감리교 진영으로 분할된 것이다. 선교방식과 정책에 있어서 알렌의 장로교는 직접적인 설교나 복음의 전파는 우선 왕명이 있어서 허락이 날 때까지 보류하는 것이 상책이라고 판단하고 있었다. 그래서 한국의 정부에 현대 문명을 가르치고 지도하는 것이 현명한 선교라고 판단하고는 한국 왕실 선교에 주력하였다. 그러나 언더우드의 감리교는 거리나 지방으로 직접 순회전도를 나갔다. 이러다가 1888년 종교금령이 내리자 알렌은 순회전도에 나간 언더우드를 서울에 소환하고 "이 금령의 발표는 경거망동한 순회전도가 그 기본적 원인이 되어 있다"고 반박하면서 직접선교나 전도에서 손 떼고 의료사업과 교육에만 당분간 치중할 것을 종용했다. 이에 대해 언더우드를 비롯한 순회 전도자들은 알렌은 선교사도 아니라며 공박하였다. 선교방식을 두고 의견충돌이 처음 표면화된 데 불과했으나 한국교회의 분열을 상징하는 첫 사건이 되었다.

2) 신사참배와 한국기독교 분열

일제시대의 한국교회와 해방 이후의 한국교회는 신사참배 문제에 대한 입장과 대응방식을 두고 서로 분열되고 말았다.

먼저, 분열은 일제시대에 신사참배로 대두된 신학교의 존폐 문제를 두고 각기 다른 목소리를 내면서 발생하였다. 당시 장로교 총회장이었던 이인식은 총독부 교섭위원을 통해 기독교 학생들의 신사참배면제를 허락해 줄 것을 요청하였으나, 총독 부측은 아무리 교회경영의 학교들이라 하더라도 조선총독의 교육정책에 따라 신사참배를 해야만 한다는 강경한 입장이었다. 그래서 장로교 선교사들은 서로 모여 이 문제를 상의하였고, 대체적으로 신사참배는 우상숭배이므로 신사참배를 허용할 수 없다는 입장이었다. 그러나 현실적으로는 학교의 존폐 문제가 달렸으므로 각 학교 이사들은 입장을 달리했다. 즉시 철저히 거부하자는 입장과 신사참배 행위에 비록 종교적 요소가 가미되어 있을지라도 학교를 살리기 위해서는 참배에 응하는 것이 좋다는 입장도 있었다. 선교사들 중에서는 미국 장로교 선교부와 호주 장로교 선교부는 학교가 폐쇄될지언정 신사참배를 거부하자는 입장에 반해, 캐나다 장로교 선교부와 감리교 선교사들은 신사참배를 국가의식으로 받아들이고 학교경영을 계속해 나가자는 입장이었다. 선교사들은 치외법권을 가지고 있었으므로 일본정부는 그들을 강제적으로 참배시킬 수는 없었던 상태였다. 따라서 선교사들에게 있어서 신사참배문제에 대한 대처는 자신의 신앙의 문제라기보다는 학교폐쇄냐? 학교유지냐? 의 문제였을 뿐이었다. 선교지교회인 한국교회 입장에서는 신사참배문제를 신앙에 대한 중대한 도전으로 파악하고 받아들인 반면, 선교사들은 학교 존립여부의 문제로만 받아들인 것이다.

해방 이후에도 신사참배 문제는 중요한 이슈였다. 기성교회 인사들과 이른바 출옥성도들과의 마찰이 야기되었다. 기성교회 목사들은 "신사참배는 이미 우리 양심으로 해결한 것이며, 해방이 되었다하여 죄라고 운운함은 비양심적이다"라고 주장했고 신사참배 문제로 옥고를 치른 성도들은 기왕에 신사참배를 했던 교회와 성도를 향하여 진정한 통회, 자복, 근신을 요청하였고, 그 참회의 진실성이 없다는 이유로 각 곳에서 기성교회에 대한 반발정죄가 잇달았다. 신사참배의 정죄논쟁은 계속 일어났다. 이러한 문제는 초기기독교 시대에 있어서 로마제국의 탄압에 의한 배교자문제 처리로 인한 교회의 분열과도 같은 양상이었다. 이렇게 해서 이북에는 재건파, 복구파의 교회가 세워졌고 남한에서는 박윤선 목사의 고려신학교가 세워지면서 세칭 고신파 장로교회가 세워지면서 장로교 분열이 표면화하기 시작하였다. 이런 공방과정에서 상대방을 공산당으로 중상하는 사태까지 발생하였다. 그리하여 1951년 장로교회는 총회의 속회에서 고신파를 정식 단죄하였고 고신파는 그 나름대로 총회를 향해 용공이라고 덮어 씌웠다. 이로써 장로교는 분열되었으며 신사참배문제로 끝내 저항했던 이들 고신파는 지금도 자신들을 한국교회의 정통으로 자처하고 있다.

3) 장로교의 분열

한국에 복음이 들어온 이래 한국기독교는 그 신학사상과 신앙적 태도에서 보수적 입장을 지켜왔다. 이는 한국에 기독교를 들여온 선교사들의 신학적 입장에 기인하였다. 또한 한국교회 지도자들, 특히 장로교는 세계적인 여러 신학적 조류에 접할 기회가 적었다는 데에도 그 이유를 찾을 수 있다. 더구나 1920년대로부터 한국의 신학을 대표해온 박형룡 박사는 미국유학시절에도 근대 보수신학의 대표 메이천에게 사사한 신학자로서 귀국 이후 한국 신학의 개척자의 역할을 하므로 이것도 한국 신학을 더욱 한 방향에 고착시키는 원인이 되었다. 그러나 한국에 진출한 몇몇 교파들의 신학적 입장은 자못 자유로 왔고, 그 소속 선교사들에 의해 훈련된 한국인 지도자들도 그러한 경향을 가졌다. 뿐만 아니라 1930년대 이후 새로운 신학사조를 배운 김재준 박사를 비롯한 이들이 유학을 마치고 귀국하자 그 신학적 갈등은 본격화되었다. 특히 1935년의 단권 성경주석 문제로 신학적 갈등은 표면화 되었다. 이 사건은 감리교 류형기 목사의 편집발행 〈아빙돈 단권주석〉이 새로운 신학사상에 입각해 있다는 이유로 그 집필자로 참여한 장로교 인사인 김재준, 송창근, 한경직, 채필근에 대한 문제를 제기하였다. 이에 채필근은 즉시 사과하였으나 나머지 세 사람은 자신들은 잘못이 없다고 천명하였고 장로교 총회는 이 주석서의 열람, 참고를 금지하였다.

이제 장로교의 분열은 신학교를 둘러싸고 2차로 노골적으로 일어났다. 자유로운 신학의 발전을 추구하였던 평양신학교가 무기휴학하자 1940년 4월 19일 승동교회에서 〈조선신학교〉가 개교했다. 해방 후 신앙의 자유가 보장되자 조선신학교는 49년 남부총회에서 총회직영을 허락받아 운영하면서 새로운 신학사상을 나타냈다. 조선신학교 김재준 교수는 마음 놓고 보수주의를 비판하기 시작하면서 비판적 성경연구와 해석을 시도하였다. 이는 미국 장로교 선교사들의 신학에 대항하는 것이었다. 1947년 김재준 목사에 대해 불만을 품은 학생 51명이 그를 자유주의라고 총회에 진정서를 제출했다. 장로교는 흥분했고 박형룡 박사는 진정서를 검토한 후 그가 한국교회를 능욕한다고 판단했다. 이에 김재준은 문제가 신학적 문제만이 아님을 직감하고 보수주의에서 이탈을 결심하였다. 한편 총회가 제출한 조선신학교에 대한 개혁안이 수포로 돌아가자 신학대책위원회에서 박형룡 목사를 중심으로 〈장로교신학교〉를 세웠다. 한 교단에 2개 신학교가 존재하는 모순이 있자 합동 7원칙 안을 내놓았다. 그러나 이는 조선신학교 측 입장에서는 수락이 불가능한 것이었다. 그 후 1952년 37차 총회 때 김재준 교수를 파문하고 조선신학교의 직영취소를 재인식시켰다. 그러자 조선신학교는 불복하고 〈한국신학대학교〉로 새 출발하여 1953년 총회를 개최하여 교단을 〈대한기독교장로회〉라 하였다.

4) WCC와 한국기독교 분열

한국 장로교의 3차 분열이 1959년에 세계교회협의회(WCC) 가입문제를 두고 일어났다. 복음주의연합회(NAE)라는 단체는 개인구원의 완성을 강조한 단체이다. NAE는 보수신학과 신앙의 순수성을 주장하면서 WCC를 용공이라 하여 WCC에서 탈퇴할 것을 주장하였다. 제44차 총회가 1959년 대전에서 열렸으나 무산되자 WCC를 반대하는 총대들은 서울 승동교회에서 합동총회를 따로 결성하고 WCC에서의 영구탈퇴를 선언했다. 반면에 WCC를 지지하는 총대들은 1960년 서울연동교회에서 총회를 따로 개최했다. 이들은 화해를 위해 WCC 잠정탈퇴를 했으나 화해는 거절당했다. 또한 박형룡 박사의 신학기금 유용을 두고 양측 간의 대립도 분열의 원인으로 작용했다. 그리하여 연동교회 총회측은 통합 측(장로회신학대학)으로, 승동교회 총회측은 합동 측(총회신학대학)으로 나뉘게 되었다.

WCC를 두고 성결교단도 분열되었다. 한국성결교회는 해방이후 한국교회협의회(NCC)에 가입하였으며, 1955년 10회 총회 때 NAE에도 가입을 결의하여 양 기관에 가입하게 되었다. 이로 인한 양측주장의 이념논쟁과 공격양상이 점차 심각해지더니 양 기관의 탈퇴문제를 가지고 15회 총회에서 격론을 벌이다가 1년 유보 안이 43대 40으로 통과된 후, 16회 총회에서 재론하다가 부결되자 탈퇴를 주장하던 인사들이 회의에서 퇴장하였으며 1961년 서울 무교동에 있는 여관에서 한보순 목사를 중심으로 '복음진리수호동지회'를 조직하게 되었다. 이러한 사태가 전개되자 총회에서는 분열되면서까지 연합기관에 가입하고 있을 필요가 없다고 인식하고 임시총회를 열어 두 기관의 탈퇴를 가결하였다. 그러나 보수 측에서는 이를 무시하고 1961년 부산에서 국제교회연합회(ICCC) 가입결의를 하였다. 그리고 1962년 4월에는 자체적으로 총회를 열어 교단명칭을 '예수교대한성결교회'(예성)라고 칭하였다. 성결교회가 분열된 후, 기성 측의 노력과 온건파 인사들의 꾸준한 노력으로 1965년에 타협이 이루어지게 되었다. 1965년 7월에 이명직 목사가 전국성결교회 신도들에게 합동을 권유하는 메시지를 보냄으로서 합동운동은 본격적으로 진행되었다. 그리하여 각기 총회를 열고 합동하기로 가결한 후, 바로 그날(1965년 7월 23일) 합동 총회를 열어 역사적인 합동을 보게 되었다. 그러나 예성 측의 일부 강경인사들은 끝까지 고집을 부려 잔류하였으며, 1973년 6월에는 많은 교회가 예성을 탈퇴하고(190교회 중 112교회) 기성과 다시 합동하였다.

제16장
한국기독교의 신앙형태와 문제점

1. 한국기독교의 신앙형태

한국에 기독교가 처음 들어온 것은 먼저 유럽교회의 선교에서 시작되었지만 선교의 열매와 실제적인 영향은 미국의 교파형 교회들에게서 받았다. 한국기독교는 미국의 교파들이 보낸 선교사들에 의해 교회가 세워지고, 신앙교육을 받았고, 교단이 형성되는 등의 직접적인 영향을 받았다. 따라서 한국교회의 신앙형태는 당연히 미국교회의 교파형 신앙형태를 따라갈 수밖에 없었다. 한국교회에 들어온 미국 선교사들은 주로 19세기 말의 근본주의 신학사조에 깊은 영향을 받은 사람들로 청교도주의, 경건주의, 복음주의, 내세 지향적 신앙을 소유했다. 이러한 점은 한국교회에 신학의 부재, 교회론의 약화, 개인의 영혼구혼, 정치무관심의 정숙주의, 합리성의 결여, 그리고 이원론적 신앙형태를 가져왔다. 그런데 이런 선교사들의 신앙형태는 기복주의 정서와 샤머니즘의 정서를 많이 가지고 있는 한국인 본래의 정신적 유형과 많이 상통하면서 쉽게 한국교회의 신앙형태로 정착되었다.

따라서 첫째로, 한국기독교초기부터 한국교회의 신앙형태는 초기 선교사들의 청교도적 신앙형태와 한국인들의 이원론적 사상과 맞물려서 공동체 의식을 상실하고 '자기중심적인 기복신앙'이 되었다.

둘째로, 선교사들과 한국기독교인들의 경건성은 1907년 대부흥을 기점으로 신앙형태가 '타계주의적 성향'을 띠게 되는 계기를 마련하게 되었다. 이러한 현상은 선교사들에 의한 교회의 비정치화 또는 정교분리 정책의 영향이라고 볼 수 있다.

셋째로, 또 하나의 성향은 선교사들의 선교정책에서 부터 초래되었다. 그 중 '네비우스' 선교정책의 영향을 간과할 수 없는데 네비우스 선교정책이란 '자립, 자치, 자급'의 3대 원칙을 중심으로 한 선교정책인데 이 정책은 결과적으로 한국교회로 하여금 자기 교회에만 관심을 기울이게 되게 함으로써 신앙성격이 다분히 '개인주의적인 경향'을 띠게 만들었다.

넷째로, 기독교가 이 땅에 소개될 당시 사상적으로 볼 때 우리나라를 지배한 사상은 유교였다. 대부분의 사람들은 중국의 고전인 사서삼경을 암송하고 이를 실천하는 것이 최고의 덕이요, 정치의 이상이며, 실천도덕의 최종 목표로 여겼다. 즉 이들은 인(仁)을 이루기 위해 노력하고, 내용보다 형식에 치우치는 성향을 가지고 있었다. 그런데 이것은 한국기독교초기 선교사들의 바탕이 되었던 청교도신앙의 율법주의와 부합되는 것이었다. 따라서 율법의 정신보다 문자에 집착하여 문자적으로 해석된 율법의 원리와 실행에 지나치게 의존하므로 내용보다는 형식에 지나치게 치중하는 '형식주의, 율법주의, 권위주의의 신앙형태'가 나타나게 되었다.

다섯째로, 기복주의 신앙의 연장선상에서의 종말론적 신앙형태이다. 일제하의 험난한 역사 속에서 느끼는 사회적 위기의식에서 한국교회 신자들은 윤리적 각성보다는 신천신지의 도래와 함께 누릴 수 있는 복락에 더욱 큰 관심을 나타내었다. 한국기독교 초기에 들어온 선교사들은 내세지향적인 말세주의의 부흥운동에서 영향을 받아 강한 타계주의적 종말사상을 가지고 있었다. 한국교회는 자연히 이들이 지닌 신앙의 형태에 영향을 받을 수밖에 없었다. 그래서 한국교회 신자들은 대체로 현실 도피적이고, 말세주의적인 신앙형태를 갖게 되었다. 기독교의 신앙은 본디 종말론적 성격을 지니고 있다. 그러나 이런 종말론적 신앙으로 인한 약점은 거짓된 묵시와 예언이 값싸게 발설되고 이를 맹신하는 경향이 생길 수 있으며 이로써 가정과 사회와 교회가 혼란을 겪게 되는 우를 범할 수 있다는 점이다.

2. 한국기독교의 성장에서 나타난 문제점

한국교회는 세계사에서 유래를 찾아보기 힘들 정도로 짧은 선교의 역사에도 불구하고 급성장하였다. 한국교회의 놀라운 급성장은 한국에 복음을 전한 선교사들 자신도 놀랄 정도였으며 한국이 곧 복음화된 나라, 기독교국가가 되리라는 기대를 가질 정도였다. 그렇지만 급성장한 한국교회는 성장과 더불어 몇 가지 문제점이 노출되었다. 현대에 와서는 세속주의와 인본주의마저 교회 안으로 침투해 들어오면서 건강하지 못한 신앙의 문제점이 발견되었다. 이에 언론 매체들까지 나서서 한국교회의 문제점들을 심도 있게 다루었고 비판의 책들이 쏟아져 나왔다. 한국기독교의 성장에서 나타난 문제점을 세 가지로 요약해 본다.

첫째로, 번영복음의 만연이다.
오랫동안 가난과 일제의 압제 하에서 살아온 우리 민족은 어느 민족 못지않게 물질적인 복에 대해 많은 한을 가지고 있다. 그래서 지난 1960년대와 70년대에는 군사정권과 함께 "우리도 한번 잘 살아보세"라는 경제부흥의 구호에 맞춰 교회 내에서까지 "예수 믿고 복 받읍시다."라는 번영복음이 홍수처럼 밀려들어 왔다. 전도표제도 "예수 믿고 복 받으세요?"였다. 축복의 설교는 한국강단의 단골 메뉴처럼 한국 교회에 등장하였고, 부와 건강을 강조하는 기복주의와 배금주의가 한국교회 안에 가득하였다. 번영복음이란 "하나님을 믿고 부자가 되라, 건강해 져라. 하나님은 당신이 번성하고 건강하길 원하신다." 라고 복 받음을 중심에 둔 설교나 신앙의 가르침을 전하는 것을 말한다. 번영복음에서는 복 받기 위해서 하나님을 믿으며, 세상적 행복과 내세에서의 영생을 얻기 위해서는 헌금을 바치고 사랑과 선행을 하라고 종용한다. 그래서 번영복음은 하나님께 순수한 믿음과 사랑을 바치기 보다는 자신의 이익과 번영을 위해서 하나님을 이용하려는 신앙을 낳고 말았다. 번영복음의 전도자들에게서는 예배와 헌금과 봉사의 동기는 복을 받기 위함이다. 이런 번영복음을 강조하는 것은 고든 피 (Gordon D. Fee) 교수는 진정한 복음이 아니라 신앙의 악성 질병이라고 하였다. 또한 "번영복음은 복음의 왜곡이며 이런 가르침은 비성경적일 뿐만 아니라 그 근저에 자리잡고 있는 신학 또한 중요한 부분에서 비기독교적이다. 번영신앙의 신학은 하나님이 중심이 된 신학이 아니라 인간이 중심이 된 신학이기 때문이다."라고 지적하였다.

그러면 과연 기독교가 말하는 진정한 성경적 축복은 무엇인가? 그것은 죄 사함 받고 영생을 얻어 하나님의 자녀가 되었다는 영적 축복이요, 하나님이 나와 함께 동행하는 임마누엘의 축복이다. 그리고 그리스도인이 먼저 구할 것은 먹고 마시는 물질의 문제가 아니라 하나님나라와 그의 의이다. 그래서 예수님께서는 "너희는 먼저 그의 나라와 그의 의를 구하라 그리하면 이 모든 것을 너희에게 더하시리라"(마6:33)고 가르치셨다. 이 우선순위의 차이가 그리스도인 됨의 표지이다. 그리스도인도 물질이 필요하다. 물질 없이는 살 수 없다. 그러나 물질보다 성공보다 우선되어야 하는 것이 하나님의 나라이며, 하나님나라의 의이다.

그리스도인의 실존은 변증법적임을 기억해야 한다. 그리스도인은 복음으로 인해 우리 삶의 인간관계 회복이나 건강의 회복, 사회정의나 자유 등의 구원을 가져오기도 하지만 그 복음대로 살 때 고난이 함께 따라오기도 한다. 구원과 고난의 변증법적 현상이 따라온다. 그래서 사도 바울은 빌립보 교인들에게 다음과 같은 교훈을 남겼다.

"그리스도를 위하여 너희에게 은혜를 주신 것은 다만 그를 믿을 뿐 아니라 또한 그를 위하여 고난도 받게 하심이라." (빌 1:29)

둘째로, 수많은 이단의 발생이다.

한국에는 어떤 점에서 기독교이단의 백화점이라고 할 수 있을 정도로 많은 기독교이단이 있다. 천부교(박태선)나 통일교(문선명) 같이 많이 알려진 이단도 있고, 다미선교회(이장림)와 같이 시한부종말론으로 사회적 큰 물의나 집단자살 등의 문제를 일으킨 이단도 있으며, 베뢰아 성락교회(김기동)와 예수중심교회(이초석)처럼 교회이름을 빌려 귀신 쫓아 병을 고친다고 하면서 신유집회를 하는 신비주의적 이단도 있다. 최근에는 성경공부를 빙자하여 교회 내에 침투하여 기성교회를 파괴하려는 신천지나 세월호 침몰 사건으로 세간에 잘 알려진 구원파 등 다양한 형태의 이단이 난무하고 있다.

그렇다면 이들 이단들은 왜 일어나는가? 이단들이 일어나는 원인을 보면 첫째, 성경의 예언된 말씀의 성취를 위하여 이단들은 일어나고 횡행한다(마24:3~51). 예수께서는 세상 끝날에 어떤 징조가 있겠느냐고 묻는 제자들에게 말세의 징조에 대해 자세히 예언하면서 다음과 같이 말했다. "많은 사람이 내 이름으로 와서 이르되 나는 그리스도라 하여 많은 사람을 미혹케 하리라"(마24:5). "거짓 선지자가 많이 일어나 많은 사람을 미혹하게 하겠으며"(마24:11). 둘째, 기성교회의 부패와 타락이 이단종파의 발생의 원인이 되고 있다. 항상 이단들은 그들의 입장을 정당화하고 합리화시키기 위하여 기성교회의 결함과 부패를 공격함으로서 사람들의 공감을 얻는다. 기성교회는 불완전한 인간의 모임이기에 부패하고 불합리한 면이 없지 않아 있음을 시인한다. 그렇지만 결단코 교회 그 자체는 타락하거나 부패할 수 없고 다만 교회를 구성하고 있는 사람들의 잘못으로 인하여 교회를 욕되게 하고 있을 뿐이다. 셋째로, 자유주의 신학과 신앙으로 인한 교회와 교인들의 무사안일주의와 성경적 신앙에서 이탈하여 유리방황하는 과정에서 이단들이 발생한다. 신학은 학문으로써 그 주장을 달리할 수도 있겠으나 신앙은 성경의 표준에서 이탈하면 이단으로 전락한다. 마찬가지로 성경의 척도에서 벗어난 신학은 이단의 온상이 된다. 넷째로, 기성교회의 율법주의적인 신앙생활의 반작용으로 이단이 발생한다. 이단들은 기성교회 중에서 극단주의적인 폐쇄성과 독단에 빠진 교회에 대한 반작용으로 일어난다. 예수 시대에 있던 바리새파처럼 자기 의와 자랑에 빠져 있는 기성교회의 모습을 보고 실망한 사람들이 나름대로 참 교회를 찾다가 자신들도 모르게 극단적인 성경해석과 논리에 빠져 이단이 발생한다. 다섯째로, 기성교회가 이단들의 감정, 심리, 사회적 욕구를 충족시켜 주지 못하는데서 이단들이 발생한다. 여섯째로, 세상의 징조에 나타난 위기의식의 고조를 느끼고 임박한 종말주의에 빠져 이단이 발생한다. 일곱째, 성경해석의 오류를 통해 이단이 발생한다.

이상에서 보듯이 이단들의 발생의 원인은 대다수가 기성교회의 문제와 관련된다. 한국에 수많은 이단들의 발생을 보면서 한국교회는 스스로 자성을 하고 건강한 신앙, 건강한 교회를 회복시켜야 한다. 세상은 이단들을 통해 병든 한국교회의 모습을 보고 있다.

셋째로, 교회의 물량주의이다.

한국교회의 문제점을 지적할 때마다 교역자나 평신도나 할 것 없이 교회의 물량주의를 개탄하거나 비판하고 있다. 그러나 실제로 교회의 수적 성장과 외형적 발전을 원하지 않는 사람이 어디 있겠는가? 문제는 물량주의를 목회와 삶의 목표로 삼을 때, 물량을 표준으로 해서 가치기준을 삼을 때, 문제가 된다. 여기서 인간의 비인간화가 일어나고 성경적 진리가 물신주의에 빠지게 된다. 사실 물량주의는 교회가 무슨 수단과 방법을 쓰든지 부흥만 하면 된다는 생각을 만들게 했다. 목표가 정당하면 수단은 어떻게 해도 좋다는 논리는 반기독교적일 뿐 아니라 비성경적인 사고방식이므로 사실은 기독교신앙이 가장 경계해야 할 사상이다.

　한국교회가 물량주의가 된 것에는 서양의 신학적 영향도 크다. 특히 도날드 맥가브란(McGavran Donald A.)의 교회성장학파는 한국교회에 긍정적인 영향과 부정적인 영향을 동시에 주었다. 긍정적인 영향이라 함은 한국교회로 하여금 교회부흥과 성장의 열심을 불러일으키고 서로 경쟁적으로 프로그램을 개발하고 교회성장에 사력을 다해서 실제로 많은 부흥을 일으킨 점이다. 그러나 부정적인 요소도 많다. 이른바 거룩한 실용주의가 보편화되어 목적이 수단을 정당화하게 되었고 적극적 사고방식으로 무엇이든지 할 수 있다는 사상이 팽배해졌다. 한편 벨까일(J. Verkuyl) 교수의 지적처럼 교회성장학파는 하나님의 나라와 교회 사이의 경계성을 모호하게 만들었으며 그들의 논리로 볼 때 큰 교회만이 교회이고 작은 교회는 마치 교회 축에도 못 드는 듯한 인식들이 늘어나게 했다. 이런 대외적 요인들이 한국교회의 물량주의를 부채질하게 되었고 교회의 전통이나 특성보다는 물량화에 치우쳐 개교회의 개성을 상실하게 만들었다. 이상이 한국교회의 문제점으로 지적된 것들이다.

제17장
현대문화와 한국기독교의 문화화 노력

1. 현대문화의 특징

1) 포스트모더니즘과 세속화

　포스트모더니즘(post-modernism)이란 근대의 이성주의 신앙을 해체하자는 사상운동으로서 사고방식의 근본적인 대전환을 요구한다. 이러한 풍조는 철학뿐 아니라 제반 문화활동과 종교생활을 포함한 생활의 전 영역에서의 변화를 요구한다. 물론 이러한 사상운동이 전 인류나 학계의 전폭적인 수용을 받고 있는 것은 아니지만 어떤 면에서 그것은 이제 일으키고자 하는 노력이라기보다는 이미 일어나고 있는 거대한 변화를 서술하는 것이라고 할 수 있다. 포스트모더니즘의 대표적 양상은 첫째, 다양성에 대한 관심으로 상대성과 전통적으로 중요시 해왔던 관용의 자세보다는 어떠한 형태의 특권도 허락하지 않는다는 의미에서의 다원주의(pluralism)이다. 둘째는,

억압에 대한 저항으로 현존질서의 억압에 대한 강렬한 저항을 가지며 정치적으로 사회제도, 계급구조, 경제적 필요와 제도적 기구들의 존재 등에도 저항적인 행동을 유발토록 하는 것이다. 60년대 말에 미국과 프랑스 등지에서 목격한 체제저항운동이 좋은 예가 될 것이다. 셋째는, 전통에 대한 새로운 관심과 강조로 이들은 거의가 한결같이 계몽주의 및 그에 기초한 모더니즘, 나아가 모더니즘에서 비롯되는 현대문화 및 사조에 대하여 매우 비판적이다. 그 대신 '자신의 정체성을 담보하는 방편으로서의 전통'을 새롭게 강조한다는 것이다.

포스트모더니즘과 함께 등장한 현대의 특징이 바로 '세속화'이다. 현대는 보다 조직적이고 범세계적으로 세속화되었으며 현대는 '세속화의 시대'이다. 세속화라는 용어의 의미는 서구 교회에서는 일차적으로 '비기독교화'와 그 사회적 결과로 이해하는 반면, 한국교회는 이 용어를 한결같이 현대의 이데올로기들, 유행하는 풍조들, 또는 종교적 혼합주의와 같은 세상 정신의 유입과 관용을 통한 교회의 영적 타락을 서술하는 데 사용한다. 세속화는 영적인 긴장의 부정과 세상의 부정적 차원을 향한 영적운동이다. 이는 하나님으로부터의 영적 이탈에서 시작하여 그의 교회로부터의 외형적 이탈로 끝난다. 이 마지막 단계의 세속화가 서구교회에서 일어나고 있는 반면에 비서

구 교회에서는 그 첫 단계가 작동하고 있다. 그리고 이 세속화
는 현대화 과정이 진행되고 있는 모든 사회에서 일어나리라고
예상된다.

요약하면, 포스트모더니즘의 핵심적인 사상은 다원주의이
다. 모든 사상, 문화, 국경, 심지어 종교에 이르기까지 다양화,
상대화시키는 것이다. 그리고 억압에의 저항, 전통에 대한 새
로운 강조 등이다. 그리고 이 사상과 함께 등장한 현대의 특징
인 세속화는 결국 하나님으로부터의 이탈을 향하고 있다. 포
스트모더니즘과 세속화는 사상과 문화의 탈을 쓰고 하나님과
교회의 부정, 이탈을 촉구하고 있는 것이며 이것이 현대 문화
의 특징 중 하나이다.

2) 테크놀로지와 대중문화

현대문화는 과거의 문화와 연속성을 가지지만 지난 수천 년
의 인류문화와 근본적인 차이를 가지는 급진적인 문화현상을
보이고 있다. 이는 산업혁명에 의한 사회구조의 변화와 테크
놀로지의 급격한 발전에 의해 급속히 형성되었기 때문이며 그
래서 현대를 '기술문화(technological culture)' 시대라고 부른
다. 고대나 중세에도 테크놀로지가 없었던 것은 아니지만 현

대의 기계문명과 기술문화와는 감히 비교할 수 없는 발전을 보이고 있다. 그러한 기계와 기술의 개발은 자연히 그러한 매체를 사용한 문화의 발생을 결과하였다. 현대 문화의 대표적인 예는 아마도 텔레비전이나 비디오, 오디오, 또는 컴퓨터를 통한 문화형태일 것이다. 근대 문화가 인쇄혁명에 의해서 이루어졌다면 현대 문화는 고도의 테크놀로지를 사용하는 전자제품에 의해서 발생하였고 계속 발전하고 있다. 그런데 이러한 기술문화는 대량생산체계를 가지고 있어서 그러한 매체를 소유한 모든 대중이 공유하는 문화의 성격을 가지기 때문에 현대 문화를 '대중매체문화'라고도 부른다.

그런데 프랑스의 문화 비평가 자크 엘룰(Jacques Ellul)은 테크놀로지를 비평하기를 테크놀로지가 더 발전할수록 예상할 수 없는 더 큰 문제들이 따라올 것으로 본다. 그 훼손과 위험은 오로지 돈의 액수로 측정되고, 그 문제와 해결도 오로지 기술의 방식으로 분석되기 때문이다. 그래서 엘룰은 현대의 기술문화를 무적의 악마적인 '테러리즘'이라고 불렀다. 기술문화에 대한 수많은 지성인들의 비관론은 단순히 테크놀로지에 대한 두려움 때문만이 아니라 그것이 인간성의 소외와 파괴, 그리고 결과적인 인간 공동체의 불행과 파멸을 가져올 수 있기 때문이다. 테크놀로지는 문화의 대중화를 만들어 내었다. 대중문화는 국민의 거의 반수가 같은 시간에 같은 드라마를 보고 수억의 사람들이 같은 경기를 보게 하며, 수많은 젊은이들이 같은 가수의 같은 음악을 듣게 하며, 엄청난 관객이 같은 영화를 보며 같은 정서를 나누고, 인터넷에서 같은 정보를 나누게 한다. 대중문화가 주는 편리함과 심각한 문제가 동시에 있다. 긍정적 견해로는 문화의 대중화를 인류에게 주신 하나님의 보편적 은총이라고 보는 것이다. 부정적 견해로는 대중문화를 '대중이 만들어 내고 대중이 즐기는 문화'로 보고 대중이란 '대부분의 사람을 뜻하는 것이 아니라, 어떤 특정한 성격을 가진 인간군'으로 보면서 이 거대한 인간집단은 현대 산업사회에서 대량생산과 대중매체에 의해서 생겨난 획일화되고 규격화된 소외된 인간군으로 대중문화는 '소외된 문화'라고 보는 것이다.

3) 멀티미디어와 정보화 사회

현재까지 교회가 수용한 복음을 위한 커뮤니케이션 방법은 크게 '구두', '문서' 및 '전파' 등이 있다. 그러나 이제 이 모든 매체를 통합적으로 전달하는 매체인 멀티미디어시대를 교회가 맞이하게 되었다. 교회는 인쇄매체를 도입하여 성서중심의 왕성한 신학활동과 목회활동을 펼쳐왔다. 성서가 평신도들의 손에 들어옴으로써 성례전보다는 말씀이 강조될 수 있었다. 그러나 현대는 전자시대를 맞이하여 '글' 중심에서 전자매체를 이용한 '소리'와 '그림' 중심의 커뮤니케이션시대로 전환되고 있다.

멀티미디어란 무엇인가? 송신자와 수신자 사이에 영상, 문자, 음성 등의 정보를 쌍방향으로 교환할 뿐 아니라 가공, 처리, 축적 등의 목적을 위하여 컴퓨터에 의하여 제어되는 텔레비전 이후에 나타난 새로운 커뮤니케이션 기술이다. 다시 말해, 기존의 양식을 월등히 능가하는 커뮤니케이션의 혁신이라고 할 수 있다. 화상전화, 화상회의 시스템, 대화형CATV, VOD, 원격진료 등이다. 20세기가 자동차로 상징되는 기계문화로 규정한다면 차세대는 멀티미디어로 대표되는 '전자문화'로 이름 할 수 있을 것이다. 이것은 1990년대부터 시작된다. 그리고 이를 가능케 한 핵심기술은 개개 미디어들의 디지털(digital)화이다. 서로 상이한 분야인 컴퓨터, 텔레비전, 라디오, 이동통신 등의 가전제품들이 디지털화함으로써 미디어 사이의 융합이 빠르게 진행되었다. 멀티미디어가 가능케 하고 가져온 생활의 변화는 무엇보다 쌍방향성 생활환경이다. 일방향성으로만 흘러온 교회의 전 기능에 일대 변혁을 요구하고 있다는 점이 중요하다.

멀티미디어가 인간생활에 미치는 부정적인 영향이 있다면 첫째는, 개인의 심리적 변화로 컨트롤에 의한 피해의식의 증대, 과도한 일체감, 대인관계의 변화, 시간적 촉박감, 양자택일적 사고방식, 스트레스, 우울증, 현실과 허구의 혼동, 현실인식의 약화, 고정관념의 조장, 공격성 증대 및 도덕성의 저하 같은 것이다. 둘째로, 가정생활의 변화이다. 가족간의 유대약화, 이혼의 증가, 독신노인의 급격한 증가 및 공동체 의식의 약화현상 등이다. 셋째로, 직장생활의 변화이다. 실업의 증가와 정보처리량의 증대로 인한 과중한 노동, 멀티미디어에 의하여 감시당하는 중압감에 따른 불안 등이다.

멀티미디어는 동시에 정보화를 낳는다. 정보화란 컴퓨터나 통신 단말기가 일상생활이나 사회의 각 분야에 적용되어 사용되는 현상을 지칭한다. 그래서 인간의 소비활동이나 생산 활동에서 효율성을 추구하기 위하여 생산이나 소비에 관한 행동 정보(소프트웨어)를 도구나 기계(하드웨어)에 이전시켜 인간의 노동을 도구나 기계에 분담시키는 현상이다. 정보화시대에서는 인간의 지식이 컴퓨터에 입력되면서 획기적인 정보화가 이루어지고 인간의 사고 활동의 상당부분을 컴퓨터가 대행하게 된다. 그래서 정보화 시대에서는 전통적인 지식이 정보로 인식되면서 오늘에 와서는 과거에 누리던 '영원한 진리'라든가 '절대 유일의 법칙'으로서의 지식이란 개념은 더 이상 통용될 수 없다. 정보란 역동적이고 시간적인 연속적 변화의 과정으로 이해되기 때문이다. 또한 정보화 시대의 지식이란 보편적으로 과학자들의 의견의 일치를 통하여 형성된 '일시적인 정보 처리 장치'라고 보기 때문이다. 정보화 시대에는 몇 가지 특성이 있는데 인간의 노동문제, 지식의 지배, 테크노피아의 현상, 감시와 종속의 네트워크 등이다.

그러나 정보화 사회가 놓치고 있는 것은 인간 존재의 근원이다. 교회는 그들이 잊고 있거나 거부하고 있는 하나님이 누구인지, 지식의 근본이 무엇인지, 인간이 추구해야 할 영적 삶의 본질이 무엇인지를 가르쳐야 한다. 멀티미디어는 정보전달 체계이다. 교회의 기능 확장에 유용한 도구로 사용할 수 있는 가능성은 실로 다양하다. 교회는 컴퓨터가 아닌 성령이 통제하는 공동체로 테크노피아의 세계가 아닌 하나님나라에 대한 믿음과 희망을 선포해야 한다.

4) 소비문화

문자적인 의미에서 소비문화는 소비자 중심의 사회가 형성하는 문화를 가리키는 단어이다. 그것은 대량생산의 흐름과 함께 상징들의 의미와 일상생활의 경험들과 관행들이 재조직 된다는 것을 의미한다. 이러한 소비문화의 특징적 양상은 대 중들에 의하여 소비되고 유지되고 계획되고 요구되는 일상용 품의 범위가 무척 확장된다는 것이다. 그러나 실제로는 이러 한 생산물들의 극대화와 다양화는 결코 대중들의 필요에 의해 서 그 양과 품목이 결정되는 것은 아니라는 점이 주목되어야 한다. 소비문화는 소비자들보다는 광고물들, 미디어상품의 전 시기법 등에 의하여 주도된다. 광고와 미디어 등은 상품의 생 산을 촉진하기 위하여 쉴 새 없이 새로운 이미지와 기호들을 창출함으로써 기존의 상품들의 용도와 함께 함의되었던 의미 체계를 붕괴시키는 역할을 하기 때문이다.

이러한 문화 속에서의 개인은 상품을 선택하는 행위에 있어 서 특이한 양상을 나타내는데 전통적인 의미에서 상품 선택을 좌우하였던 공리주의적 성향보다는 소유자의 개성이 발현될 수 있는 특정한 양식적 표현이 중요시 된다. 그러므로 이러한 문화 속에서는 인격의 형성보다는 개성의 발현이 더욱 강조된 다. 이러한 개성화, 개인주의화의 특징들과 함께 소비문화는 계급간의, 남녀간의, 어른과 어린이 혹은 청소년간의 권위적 인 계층질서를 파괴하는 기능을 하기도 한다. 전통적으로 발 언권이 약하였던 집단들도 구매력이라는 힘으로써 어엿한 사회구성원으로서의 기능을 인정받게 되는 현상이 그것이다.

근대주의로부터 시작된 이러한 소비주의의 물결은 현대인에게 종교의 의미와 효용성을 상실하도록 하는 역할을 하였다. 그리하여 현대를 탈종교의 시대라고도 한다. 왜냐하면 소비주의 및 소비문화는 현대인들에게 대체종교로서의 역할을 하고 있다고 볼 수 있다. 소비문화가 창조하여 내는 기호들, 이미지들과 상징들의 광범위한 연결망은 현대인들에게 일종의 신성한 것으로서의 역할을 하고 있기 때문이다. 물론 그것들이 하나의 조직적인 신념체계를 구성하는 것은 아니지만 사람들이 특정한 선택을 하는 데에 있어서 결정적인 영향력을 끼치는 것은 사실이다. 이러한 동향성은 이른바 지식, 정보화 사회로 일컬어지는 21세기에는 더욱 뚜렷하여 질 것이다.

소비문화는 문화적 욕구를 상품화한다. 그리고 편리성, 포장의 발달, 이미지와 상징의 가치, 개인주의와 개성의 발현을 부추긴다. 그리고 그 소비문화는 점점 대형화, 전문화, 그리고 가장 중요한 욕구로서의 차별화를 요구하고 있다. 그리고 공간적 제약에서 점점 탈피하고 있다. 교통수단의 용이, 컴퓨터의 보급 등으로 공간적 환경을 넘어 발생하고 있다. 앞으로는 삶의 문화가 현재보다 더욱 소비문화의 형태를 띠게 될 것이며 그것은 보다 확실한 차별화의 욕구로 향하고 있다.

2. 한국기독교의 문화화 노력

1) 문화화의 뜻

토착화란 Indigenization을 번역한 말이고, 문화화란 Inculturation을 번역한 용어를 의미한다. 이 둘은 분명히 다른 의미를 가진 용어이고 그 의미에 대한 신학적 개념의 구별은 매우 중요하다.

먼저, 토착화(indigenization)란 용어를 살펴보면 이 용어는 아말로파바다스(D.S. Amalopavadass)가 1970년대에 예배학에서 사용한 용어를 발전시킨 말이다. 그가 실제로 의도했던 것은 인도의 문화형태 속에 기독교예배를 적용시키는 것이었다. 토착화라는 용어는 토속화의 의미를 강하게 가지고 있으며 실제 이 용어는 기독교예배에 그 지역 공동체 고유의 문화형태를 부여하는 것을 의미하기에 그가 설명한 토착화는 '예배를 좀 더 인도적 상황과 성격으로 바꾸어 놓고자'하는 목적이었다. 그에게 토착화는 실제로 '인도화'(Indianization)를 가리키는 말이었다. 그런데 이런 의미의 토착화는 문화역사학자들에게는 관심을 주지만 교회에 참여하는 회중에게는 전혀 관심을 끌지 못하는 교회를 만들어낼 위험도 있다. 교회가 문화에 토착화된 형태로서 본래 의미와 전혀 다른 형태가 되거나 고고학과 낭만주의의 옛적 형태의 풍취를 드러낼 수도 있다. 그래서 자칫 토착화의 작업은 교회가 역사학자들과 박물관 관리인들의 지도아래 있다는 잘못된 인상을 심어줄 수 있다. 이런 의미에서 교회에 있어서 토착화 작업은 부적합하다고 볼 수 있다.

한편, 전례와 문화 관계문제에 있어서 전례가 문화에 적응하는 것에는 크게 세 가지 유형이 있다. 첫째 유형은, '조절'(accomodation)의 유형으로서 이는 전례의 행사진행적인 요소들을 전례모임에서 시간과 장소에 맞게 거행하는 유형이다. 이 경우 문화적응을 꼭 해야 되는 것은 아니다. 두 번째의 유형은 '문화융합'(acculturation)의 유형으로써 문화의 본질과 관련하여 결과적으로는 전례의 특성이 변경 혹은 수정되게 되는 것을 말한다. 셋째 유형은, '문화화'(inculturation)로서 그리스도교가 들어오기 이전에 있던 의식을 그리스도교 신앙에 비추어서 재해석하고 변형시켜 전례에서 거행할 수 있게 하는 것을 말한다. 이 문화화는 교회가 어떤 문화의 외형적인 표현형식은 그대로 보존하면서 그 의미는 완전히 바꾸어 버림으로써 교회가 그 문화 속으로 철저하게 파고 들어가는 것을 의미하며, 문화화가 제대로 이루어지기만 한다면 모든 문화를 '그리스도교화' 시킬 수 있는, 다시 말해서 모든 문화를 그리스도와 그 분의 복음정신으로 물들일 수 있는 가장 이상적인 방법이다. 왜냐하면 예배의 역사는 또한 현지 문화에 대한 적응의 역사였고, 예배는 해당 신앙공동체가 속한 지역의 문화적이며 사회적인 요소를 반영하여야 예배가 공동체의 구성원에게 친근하고 좀 더 의미가 와 닿는 것으로 될 수 있기 때문이다.

이런 의미에서 교회는 2000년의 역사 속에서 전통이라는 훌륭한 유산을 보존하는 동시에 지역문화에 맞게 형식을 다양화시켜 왔는데 이와 같은 문화와 전통, 상황에 대한 적응과 변화가 바로 문화화이다. 그래서 교회를 갱신한다는 것은 바로 이 문화화를 위해 끊임없이 노력하는 것을 의미하는 것이다. 따라서 교회는 부단한 문화화의 노력을 기울여야 한다.

'문화화'(inculturation)라는 용어는 로마 그레고리안 대학 교수인 조셉 마손(Fr.Josheph Masson)에 의해 처음 사용되었는데 이 용어는 그 후 1963년부터 1965년까지 있었던 제2차 바티칸공의회를 거치면서 그 의미가 강조되기 시작했다. 왜냐하면 제2차 바티칸공의회가 피선교국의 성도들에게 찬송을 작사, 작곡할 수 있는 자유를 주었고 교회 속에 그 지역문화권의 문화적 도구들(Cultural Instrument)이 활용될 수 있는 가능성을 열어주었기 때문이다. 그러나 나폴리(G.De.Napoli)에 따르면 문화화란 용어는 1973년 뉴욕의 나약(Nyack) 시에 위치한 나약 신학교(Nyack Alliance School of Theology)의 교수였던 개신교 선교사 바니(G.L. Barney)가 처음으로 소개한 말이다. 기독교의 메시지를 문화적 변화의 과정 속에서 정확하게 유지해야할 필요를 강조하면서, 바니는 프런티어 선교의 맥락에서 이 용어를 처음 사용했다. 그리고 예배와 관련하여 '문화화'란 용어를 가장 먼저 사용한 학자들 가운데 한 사람은 로마교황 예배연구소(Pontifical Liturgical Institute)의 문화인류학 교수 발렌지아노(C. Valenziano)였다.

2) 교회음악의 문화화 노력

한국교회의 교회음악의 문화화를 위한 적용점은 첫째로, 우리 가락의 찬송에 대한 작곡과 작사에서 찾아볼 수 있다.

노래를 부름에 있어서 소리의 길이와 높낮이의 어울림은 철저히 그 민족의 문화와 국민성이 융합되어 형성된 하나의 공통분모이다. 그래서 노래의 곡과 가사는 문화의 내용이며 그

민족의 역사와 속성을 말해 주는 가장 정확한 기록이라고 할 수 있다. 물론 한국교회에 지금까지 유익을 준 이런 찬송들을 이제 와서 그 출신성분을 따지며 배척해서는 안 될 것이다. 다만 이제는 서양인들의 지혜와 열린 마음을 우리도 본받아 이제는 우리 민족의 심성에 뿌리내린 음정과 가락이 있는 찬송의 개발을 서둘러야 할 것이다. 한 때 아리랑과 같은 우리의 민요에 찬송 가사를 붙여 노래하는 것에 대한 논란이 있었다. 아이러니한 것은 우리가 우리 민족음악을 기생 음악이니 유흥 음악이니 하며 예배음악으로 받아들이기를 거부하고 있을 때 미국교회는 이미 우리의 아리랑에 가사를 바꾸어 찬송가로 썼다는 사실이다. 아리랑 찬송을 배우려고 미국으로 가야하는 서글픈 현실 속에 한국교회는 오늘도 열심히 영국, 미국, 독일의 민요들을 부르고 있는 것이다. 이러한 까닭에 교회음악의 문화화의 첫 번째 적용점이 있다면 당연히 바로 우리 가락으로 작곡, 작사된 찬송의 개발에 있다고 할 것이다.

교회음악의 문화화를 위한 한국교회 노력의 두 번째 적용점은, 한국의 고유악기 사용에서 찾아볼 수 있다.

지금까지 한국교회 예배에서는 한국의 고유악기들이 철저히 외면당하고 있다. 교회의 악기로 사용되고 있는 오르간과

피아노는 그 기능과 효과에서 대단히 중요하다. 그러나 그것은 서양인의 심성과 감성에 맞는 것이며 우리는 우리 나름대로의 전통악기가 있음을 인식해야 한다. 물론 우리의 전통악기들이 전통종교를 위해 사용된 바 있지만 그것을 우상종교의 도구로 보기에는 무리가 있다. 우리는 이 땅의 민족을 위해 개발된 우리의 고유한 악기를 사용하여 더욱 풍부하고 감성 있는 예배감각을 일깨울 필요가 있다.

한국교회 교회음악의 이러한 실태 속에서 그 동안 교회음악의 문화화에 대한 시도들이 여럿 있었다. 그 중에서 문화화의 실제적인 실천사례들을 몇 가지만 소개해 보고자 한다.

교회음악의 문화화에 대한 한국교회 노력의 첫 번째 사례는, 한국국악선교회의 실천사례이다.

한국국악선교회는 1984년 6월에 초교파적으로 창립하여 미국. 일본. 유럽. 러시아. 중동. 아프리카 등 세계 여러 국가에서 국악찬양으로 복음을 전하며 하나님께 영광을 돌리고 있으며 서양문화 일색의 한국기독교 문화 속에서 우리 것을 아름답고 귀한 기독교 문화로 승화시키는 뜻있는 사역을 펼치고 있다. 선교회에서 하는 일은 국악찬양 만들기(제작). 국악찬양

보급하기(공연), 국악음반, 악보 출판 등인데 좀 더 세부적으로 살펴보면 첫째는, 국악찬송가 500곡의 제작으로 예배음악 국악찬송가 500곡을 한국 정서에 맞도록 주제별로(하나님, 성령, 예수님, 성경, 고난, 부활, 감사, 성탄 등) 12곡씩 음반과 악보를 출판한 것이다. 둘째는, 가야금병창 100곡으로 가야금 병창은 1, 2집에 각기 50여 곡이 녹음출반 되었다. 셋째는, 찬양대용으로 국악합창곡 100곡을 개발하였고 계속적으로 개발하고 있다. 넷째는, 국악동요 180곡으로 12년 동안의 노력으로 180곡을 모두 완성하고 CD 6개에 수록되어 악보와 함께 출판한 것이다. 다섯째는, 어린이 찬송가 300곡을 국악찬송으로 개발하여 우리 어린이들이 쉽게 배우고 부를 수 있도록 한 것이다.

교회음악의 문화화를 위한 한국교회 노력의 두 번째 사례는, 예수전도단의 찬양 10집 '거룩한 성전' 국악찬양 음반의 실천사례이다.

한국 CCM의 99%가 서구의 화성과 재즈리듬으로 되어 있는 반면 국악 CCM은 거의 전무한 상태이다. CCM 자체가 현대적이라는 의미를 내포하기 때문인지는 모르겠지만 이러한 때에 예수전도단에서 의미 있는 앨범을 제작하였다. 이 앨범은 곡

전체가 국악찬양으로 되어 있으며 국악과 현대 곡의 합성형태인 퓨전 형식의 노래도 실려 있다. 이는 상업성 때문에 사실상 문화화의 움직임이 어려운 CCM계에서의 시도라는 점에서 의미가 있으며 결과도 또한 긍정적인 반응을 얻었는데 하나의 좋은 실천사례가 될 수 있다. 곡 순서는 거룩한 성전, 영광 영광, 그대 내 사랑, 이날은 주가 지으신 날, 선포하라, 할렐루야 우리 예수, 저 성벽을 향해, 나의 영혼 싸울 때, 거룩한 성전(Fusion), 너영 나영, 마음속에 근심 있는 사람, 감람산, 여호와여, 아버지의 사랑, 거룩한 성전(국악)이다.

교회음악의 문화화를 위한 한국교회 노력의 세 번째 사례는, 향린교회의 실천사례이다.

향린교회는 서울 중심가에 위치하고 있는 도심지 교회이다. 비록 그 규모는 크지 않지만 많은 사람들에게 한국을 대표할 만한 교회로 알려져 있다. 한국기독교장로회 서울노회에 소속되어 있는 향린교회는 사회 참여적이며 민중적이고 독특한 사역철학을 가지고 있다는 점에서 주목을 끌고 있는 교회이다. 그러나 향린교회의 가장 중요한 특징 중의 하나는 문화화를 교회사역의 여러 부분에서 특히, 예배사역에서 효과적으로 실천하고 있다는 점이다.

향린교회의 예배에서의 문화화의 노력의 발자취를 살펴보면 첫째, 우선 향린교회 주보에 예배 용어를 모두 한글식 표현으로 시도한 것이다. 열음찬송(개회찬송), 하늘말씀읽기(성서봉독), 하늘뜻펴기(설교), 정성드리기(봉헌), 다짐찬송(결단찬송), 세상으로 보냄(파송) 등이 그것이다. 또 예배의 시작과 끝에 탁상종이 아닌 민족 고유의 악기인 징을 울리는 것도 색다르다. 둘째, 회중송영을 모두 '국악찬송'으로 부르며 회중찬송 가운데 한 곡은 꼭 '국악찬송'을 부르는 것이다. 찬양대도 적어도 한 달에 한번은 국악 곡으로 찬양하게 하였다. 향린교회에서는 기존의 피아노와 오르간과 함께 국악실내악단 예향(국악선교회, 국악반주단)이 교회음악을 반주하게도 하였다.

예향은 1995년 9월에 창단하였는데 외부에서 국악기 전문 연주자를 영입해 온 것이 아니라 교회 내부에서 국악에 관심 있는 교우들을 모집해서 조직한 것이 특징이다. 단원들은 창단 후 국립국악원 등에서 악기연주법을 배웠고 처음에는 특별한 주일에만 연주하다가 1999년부터는 매주일 예배 때마다 연주하였다. 교회는 예향을 위해 찬양대와 버금가는 예산을 지원해 왔는데 이제는 국악기 연주를 자신의 직업으로 삼는 사람이 나올 정도로 실력이 향상됐고, 또 전문 연주자도 단원에 동참할 정도로 유명해졌다. 또 오랜 준비 끝에 2000년 초에는 예배 때 사용할 '향린 국악 찬송'을 발간했다. 여기에 실린 150여 곡의 국악찬송들은 그동안 발표된 곡들 가운데 선별한 것도 있고, 또 특별히 작곡을 의뢰해 받은 것들도 있다. 향린교회의 한국적 예배는 상당히 유명해져서 교단총회는 외국에서 손님이 오면 향린교회를 방문하여 예배를 드리게 하고, 예향과 찬양대는 여러 행사에 초청되어 국악찬양으로 명성을 날리고 있다. 그밖에 찬양대의 가운과 예향의 단복으로 한복을 개량하여 만든 것 등이 문화화 노력의 발자취이다. 이상이 교회음악 문화화의 적용점과 실제적인 실천사례들이다.

3) 예술과 건축의 문화화 노력

예술과 건축에서의 한국교회의 문화화에 대한 노력의 적용점과 실천사례를 몇 가지 소개하고자 한다.

예술과 건축에서의 문화화를 위한 한국교회 노력의 첫 번째 실천사례는, 성공회 강화성당이다.

성공회 강화성당은 강화군 강화읍 관청리 422번지에 있는 성당으로 사적 424호 문화재로 지정되어 있다. 1890년 한국에 성공회가 전파된 후 1893년 영국인 신부가 전도하기 시작

하여 신도 김희준, 김군명, 곽한인, 김교창, 전대우 등이 영세
입교한 교회이다. 이 성당에서는 교회건축에 있어 귀중한 문
화화의 과정을 찾아 볼 수 있다. 강화성당은 전통적 목조구조
로서 중층으로 되어 있으며 지붕은 납도리 5량 구조이다. 지붕
의 형태는 팔각지붕에 사방 툇간(退間)이고 위에는 부섭지붕
을 내달았다. 부연이 있는 깊숙한 처마를 가지고 추녀부분에
는 막새기와가 5개씩 있으나 나머지는 아귀토로 막음하였으며
사래 끝에는 토수가 끼워져 있다. 지붕의 내림마루와 추녀마
루 위에는 용두를 얹었고 용마루 양 끝에는 십자가가 있다. 교
회건축은 교회문화의 표상으로서 시대와 신앙의 내용을 반영
한다. 강화성당은 초기 대한성공회의 문화화 선교이념을 극명
하게 보여주는 건축이다. 서양교회건축의 기능과 상징성을 우
리 전통건축 속에서 찾고 재해석함으로써 교회문화의 수용이
일방적인 이입이 아닌 주체적인 우리문화로의 수용이었음을
보여줌과 동시에 한옥이 가지는 기능적·구조적·공간적 잠재
력을 확인시켜준 건축이다.

문화화를 위한 한국교회 노력의 두 번째 실천사례는, 운보
김기창 화백의 그림이다.

운보 김기창 화백은 1914년 서울 종로구 운니동 18번지에서

태어났다. 1921년 8세에 인사동에 있는 승동 보통학교에 입학 오전에는 학교에서 신학문을 배우고 오후에는 서당에서 구학문을 배웠다. 학교 운동회 날 장티푸스에 걸려 어머니의 지극한 간호로 생명은 건질 수 있었으나 고열에 의한 청신경 마비로 소리로부터 버림받은 후천성 청각장애인이 되었다. 이 후 화백의 길을 가게 된 그는 예수의 생애를 주제로 하는 작품들을 많이 남겼는데 예수님의 일생을 동양적 관점으로 그려 미술계의 문화화를 이룬 인물로 평가된다. 1951년 38세의 나이에 그는 고난의 예수를 현몽한 뒤, 이것을 계기로 예수의 일대기가 동족상잔의 민족적인 비극과 매우 유사함을 깨닫고 회화로 승화시키려 복음을 연구하였다. 그런 중 2005년 1월 지병으로 소천했다. 그가 진정으로 한국 기독교의 문화화를 위해 이러한 작품을 만들었는지에 대해서는 정확한 평가를 내리기는 어렵지만 그의 작품들은 예배 예술의 문화화를 향한 하나의 획기적인 시도로서 평가될 수 있을 것이다.

4) 교회예식의 문화화 노력

교회예식의 문화화를 위해서는 다음의 여덟 가지를 문화화 작업의 원칙으로 삼으면 좋으리라 여겨진다.

첫째, 교회예식의 문화화 작업에는 기독교의 신관, 영혼관, 구원관과 예식이 속해 있는 종교와 문화의 세계관, 신관, 인간관, 신앙관, 신념 등에 대한 신학적으로 근본적이고 구조적인 차이에 대해 선행적인 이해를 가져야한다. 예식의 상징(symbolism) 속에는 그 예식이 속해 있는 종교와 문화의 세계관, 신관, 인간관, 신앙관, 신념 등이 담겨져 있다. 그러한 까닭에 교회예식의 문화화 작업에는 성경적이고 신학적인 토대를 바로하고 그 기본 위에 교회예식을 세워야 한다.

둘째, 현행의 교회예식은 상당부분이 오랜 세월을 거쳐 그 외형적인 절차가 한국 상황 속에서 그 형식이 이미 문화화 되어 있다는 점을 간과해서는 안 된다. 이것은 한국의 교회예식은 서양식의 형식과는 차이가 있다는 것이다. 이러 경우에는 기독교의 신관이나 구원론 등 신학적으로 크게 침해를 받아 손상이 가지 않는 한에서 문화화된 전통으로 인정하고, 그 다음에 매끄럽지 못한 부분만 수정하거나 삭제하거나 첨가하여 개발한다면 별 무리가 없을 것이다.

셋째, 교회예식의 문화화 작업에는 기독교의 기본 교리와 진리 면에서는 보수적 입장에서 기준 되는 기본을 세워야 할 것이나 그 절차나 용어, 형식에 있어서는 폭 넓은 수용적 자세를 가져야 한다. 복음의 본질은 변해서는 안 되지만 그것을 담는 그릇을 얼마든지 변할 수 있어야 한다.

넷째, 교회예식의 문화화 작업에는 현실 문화사회와 윤리적인 조화를 고려하여야 한다. 현실 사회의 문화를 무시하는 듯한 무례한 종교라는 인상을 갖게 하는 오해의 소지를 갖지 않게 해야 한다. 그러면서 동시에 기존 전통예식과 문화 속에 스며있는 나쁜 악습과 습성의 잔재를 제거해 내는 기독교적인 윤리성이 포함된 예식으로 문화화 되어야 한다.

다섯째, 교회예식의 문화화 작업에는 예식의 시행을 통하여 선교적 효과와 교육적 효율을 거둘 수 있는 내용과 형식으로 개발되어야 한다. 예를 들면 장례예식은 불신자들이 기독교를 알고 자연스럽게 교회로 인도되는 선교의 장이 된다. 실제로 장례예식을 통해 기독교 신앙을 갖게 되거나 기독교로 개종하는 경우가 많은 것을 볼 수 있다. 그러므로 교육적이고 선교적인 효율을 거둘 수 있는 방향으로 문화화 되는 것이 바람직하다.

여섯째, 교회예식의 문화화 작업에는 교회공동체가 속한 공동체의 현실의 실정에 맞는 것이어야 하고 되도록이면 번잡하지 않고 간편하고 쉽게 해야 한다. 용어도 그 의미를 잃지 않는 범위 내에서 이해하고 쓰기에 용이한 함축적인 의미를 담은 용어들로 선정하여 사용하면 좋을 것이다.

일곱째, 복고주의를 경계해야한다. 복고주의라 함에는 두 가지 성향을 말하는 데 하나는 서양식 예식으로의 복고이고, 다른 하나는 한국 전통예식으로의 복고이다. 예식이란 새 시대와 문화에 적용할 수 있는 것이어야 하며 현실에 융통해야 하고 현실의 문화와 시대를 반영한 문화화된 것이어야 한다.

여덟째로, 교회예식이란 항상 전통, 문화상황, 그리고 신학의 자각이 하나로 모이는 영향에 의해 만들어지는 것이다. 그래서 교회예식의 문화화 작업에는 문화적, 역사적, 그리고 신학적 관심들이 과도하게 분리되지 않게 하며 이 세 가지 요소들을 복합적으로 고려하여 개발하여야 한다.

한국교회 중에는 교회예식의 문화화를 위해 노력한 실천사례들이 몇 있다. 그 교회들의 사례를 언급해 보고자 한다.

교회예식의 문화화를 위한 한국교회의 노력의 실천사례의 첫째는, 위에서 언급한 향린교회의 성만찬예식이다.

향린교회는 성만찬예식에서 우리 고유의 음식인 떡을 사용하고 있으며 민족사적 기념일을 교회력에 반영하여 1994년부터는 11월 셋째 주일에 지키던 추수감사절을 우리 민족 고유의 명절인 추석에 맞추어 추석 연휴가 끝난 뒤 첫 주일에 추석 감사절로 지키고 있다.

　교회예식의 문화화를 위한 한국교회의 노력의 또 다른 실천
사례로는, 성년예식에서 찾아볼 수 있다.

　우리 민속 전통에서는 성년이 된 남자에게는 관례(갓을 씌
움)를, 또 성년이 된 여자에게는 계례(비녀를 꽂게 함)를 베풀
어 왔다. 우리 기독교 전통에서도 스스로 믿음을 고백할 수 있
는 나이에 이른 이들에게는 견신례란 이름으로 성년예식을 베
풀어 왔다. 성년예식은 만20세가 된 젊은이가 그동안 지켜주
신 하나님께 감사드리며 이제부터는 독립된 성인으로서 삶을
온전히 주님께 맡기며 믿음으로 마음의 결단을 새롭게 하는
예식이다. 성인예식은 예수교대한장로교 통합 측에서는 1997
년 표준예식서에 '성년예식'이란 이름으로 처음 예식서에 소개
하였고, 기독교대한성결교회에서는 2004년도에 예배와 예식
서에 '성인된 축복예식'으로 소개하였으며, 기독교대한감리교
에서는 2006년 예문1에 '성인예식'의 이름으로 성인예식을 예
식서에 소개한 바가 있다. 이들은 교회예식의 문화화를 위한
한국교회의 노력들의 한 실천사례들이다.

제18장
한국기독교와 크리스천학교운동

1. 크리스천학교의 뜻과 필요성

지금 한국교회는 성장 정체상태를 지나 성장이 뒷걸음치고 있다. 해방 이후 부흥사경회운동, 성령운동, 기도원운동, 제자화운동 등을 통해 성장해가던 한국교회는 1988년 서울올림픽을 기점으로 성장이 둔화되더니 1990년 이후부터는 성장이 정체되고 2000년 이후부터는 아예 뒷걸음치고 있다. 여기에 더하여 고령화의 길로 가고 있다. 또한 교회도 빈익부 부익부현상이 일고 있다. 사이즈가 큰 교회는 점점 더 커진다. 신자들은 사이즈가 큰 교회를 찾아 이동하고 있다. 그러나 사이즈가 작은 교회는 더 이상 작아지지 않으면 그나마 천행이다. 어느한 조사에 의하면 교회성장을 기대하기가 동네상점이 성공할 확률보다 작다고 한다. 더구나 신도시가 아닌 일반주택들이 들어선 주택지역의 교회에서는 더욱 그러하다. 그래서 주일학교 없는 교회가 태반이다. 사이즈가 큰 교회 입장에서는 이 말이 이해가 안된다. 아니 이렇게 아이들이 많은데 왜 아이들이 없다고 하는 것이지? 주일학교가 없다는 말에 고개를 갸웃거리며 의아해 한다. 통계를 들이대고서야 그래요? 하고 놀라워한다. 이런 경험을 너무나 많이 접하고 있다.

　더 심각한 사실은 우리 아이들이 교회에서 점점 줄어들면서 교회의 미래가 불투명해 진 것이다. 그럼에도 이 심각성을 느끼지 못하는 어른들이 아직 많이 있다. 그러니 대안도 생각할 수가 없다. 한 때 건강한 한국교회, 성경의 나라를 만들려는 꿈을 안고 우리 자녀들을 신앙으로 교육하고 양성해보겠다고 미션스쿨(Mission School)이 여기저기서 생겨났다. 그러나 미션스쿨은 지금 이름만 미션스쿨이지 공교육의 틀에서 벗어나지 못하고 있다. 미션스쿨은 복음전도를 목적으로 세워진 학교이다. 그래서 교회 다니지 않는 학생도 모집해서 그들에게 복음을 전하고, 성경을 가르치고, 전도하기 위하여 세운 학교이다. 그렇지만 지금은 그 본래의 기능이 매우 약화되었다. 성경을 가르치고 예배드리는 시간이 있지만 그것은 학과 전체 시간에서 극히 작은 부분을 차지하고 있다. 교사도 모두가 그리스도인이 아니다. 비그리스도인 교사도 있다. 교재도 기독교교재가 아니다. 국가가 정한 공교육 교재를 기본으로 하고 있다. 커리큘럼도 국가가 정해준대로 진행한다. 모름지기 교육이란 교재, 커리큘럼, 교사, 학생 이 네 가지가 어떻게 구성되어 있는가에 따라 교육의 성격, 목적, 방향, 목표가 달라진다. 이 교육의 기본구성이 교회가 아닌 국가가 정해준대로 따라가고 있는 실정이다.

그러나 크리스천학교(Christian School)는 그 목적 자체가 온전한 하나님의 지도자, 예수님의 제자를 삼는 학교이다. 그래서 학생도 철저히 선별하여 크리스천 학생만을 뽑는다. 교재도 철저히 창조론과 기독교정신을 기반으로 하고 성경을 기초로 한 크리스천교재이다. 그렇다고 학문성이 떨어지는 것은 아니다. 도리어 공교육의 교재보다 월등한 학문성을 지닌 교재이다. 이것은 국가가 객관적으로 평가하고 확인한 통계적 결과이다. 커리큘럼도 기독교적 세계관을 가지고 구성한다. 매일 매일의 학업을 기도와 말씀, 예배로 시작한다. 교사도 모두가 크리스천교사이다. 하나님께 헌신된 사람만이 크리스천학교 교사가 된다. 그래서 이들은 크리스천교사 자격과정을 공부하고 크리스천교사 자격증을 따로 가지고 있다. 이것이 크리스천학교이다.

우리나라에서는 크리스천학교라는 말이 생소하다. 미션스쿨과 혼동된다. 그것은 크리스천학교의 역사가 얼마 안되었기 때문이다. 2000년대 이후로 생겨난 개념의 학교이다. 잘 아는 대로 미국의 역사는 기독교역사이다. 교육의 역사도 크리스천 학교 역사이다. 크리스천학교는 청교도들로 시작된 미국의 시작과 함께 생겨난 학교이다. 아니 크리스천학교가 학교의 전부였다. 학교란 교회에서 일주일 내내 가르치는 교회학교가 학교였다. 일주일에 한번 주일날에만 성경을 가르치는 주일학교(Sunday School)가 아니라 일주일 내내 일반과목과 함께 성경을 가르치는 종일학교(Day School)가 교회학교였다. 크리스천학교는 성경만 가르치는 학교가 아니다. 모든 학문과 성경을 함께 가르치는 학교이다. 중요한 것은 성경을 가르치면서 다른 학문을 가르치는 학교이다. 성경이 먼저요, 중심인 학교이다. 그래서 크리스천학교는 그 정신도, 가르침의 방식도, 커리큘럼도 일반학교와는 확연히 다르다. 미션스쿨과도 확연히 다르다. 크리스천학교는 온전한 예수님의 제자를 양육하는 학교이다.

우리는 자녀들을 기독교적인 세계관, 가치관, 역사관, 인생관, 직업관, 국가관, 물질관을 갖도록 가르칠 책임이 있다. 그렇게 온전한 예수님의 제자로 교육할 수 있는 곳이 어디 있는가? 그곳은 세상 공교육 학교가 아닌 가정과 교회와 그리고 크리스천학교 뿐이다. 이 삼자가 함께 공동으로 그리스도의 사랑으로 자녀들을 돌보고, 가르치고, 기도할 때 온전한 신앙교육이 이뤄진다. 그래서 크리스천학교는 가정과 교회와 결코 동떨어져서는 존립할 수가 없다. 크리스천학교는 교회안의 학교이다. 그리고 학교 안의 교회이다. 가정, 학교, 교회 이 세개가 유기적 관계로 연결된 학교가 크리스천학교이다.

그래서 크리스천학교 교육은 교회의 선택사항이 아니다. 필수이다. 교회는 크리스천학교 교육을 해야 한다. 그래야 우리 자녀를 세상에 빼앗기지 않고 온전한 하나님의 사람으로 양육할 수 있다. 반드시 크리스천학교가 아니더라도 얼마든지 자녀를 반듯한 하나님의 사람으로 키울 수 있다고 생각할 수 있다. 물론이다. 그렇지만 이것은 우리가 속고 있는 논리이다. 세상 교육 속에서 자란 우리 어린 자녀들 속에는 자신도 모르는 부모도 모르는 세상의 가치관과 철학이 깊이 들어가 지배하고 있다. 이것이 쓴 뿌리가 되어 우리 자녀를 언젠가 찌르게 될 것이다. 성년이 되기 전까지는 하나님의 말씀과 기독교적인 가치관이 먼저 온전히 뿌리내리도록 교육해야 한다.

우리는 유태인의 교육방법을 높이 평가한다. 세계 모두가 그것의 가치를 인정하고 있다. 그렇다면 유태인의 교육방법이라는 것이 무엇인가? 그것은 청소년 시기에 이르도록 하나님의 말씀인 토라(모세오경)를 가르치고 암송하게 하는 것이다. 성경의 교훈과 가르침이 뼛속 깊이 들어갈 때까지 교육하고서

야 세상의 학문을 가르친다. 모든 교육은 어린 시기에 끝나는
것이다. 그래서 크리스천학교 교육은 어릴수록 필요하다. 크
리스천교육은 겉 사람이 아니라 속사람을 진정한 그리스도인
으로 만드는 교육인 것이다.

2. 크리스천학교운동

미국 목사들이 한국을 방문하면 한국에 교회에 많다는 사
실에 매우 놀란다. 그러나 또 하나 놀라는 것은 교회가 그토
록 많은 데 비해 크리스천 커리큘럼으로 운영되는 크리스천학
교가 절대적으로 부족하다는 사실에 놀란다. 미국교회를 보면
교회의 사이즈에 상관없이 수많은 교회들이 크리스천학교를
운영하고 있다. 미국의 크리스천학교 연합회인 ACSI(크리스
천스쿨국제연합)나 AACS(미국 크리스천스쿨연합)에 등록되
어 있는 크리스천학교만 하더라도 대략 1만 개의 학교가 된다.
한국에서는 크리스천학교 이름 자체가 생소한 형편이다. 대형
교회 조차도 아직 크리스천학교에 눈을 뜨지 못하고 그 중요
성을 알지 못하고 있다.

하나님은 시대마다 복음을 새롭게 하는 신앙개혁운동을 일
으키셨다. 그래서 기독교의 역사는 신앙개혁운동의 연속이라

고 앞장에서 논한바가 있다. 교회가 시대와 함께 생명력을 가지고 복음의 순수성을 지켜나가려면 시대를 깨우고, 교회를 깨우는 신앙운동이 계속되어야 한다. 하나님의 신앙부흥운동은 멈춘 적이 없다. 한 신앙운동이 퇴색해지면 새로운 운동을 통해 시대에 잠든 영혼과 교회를 깨워주셨다. 이제 한국교회는 이곳저곳에서 제2의 부흥을 외치는 목소리가 높아지고 있다. 그러면 하나님은 이 시대의 교회를 다시 부흥케 하기 위해서 어떤 일을 행하시고 계실까? 그것은 바로 크리스천학교운동이다. 작은 불꽃 하나가 큰 불을 일으키듯이 하나님은 한국교회를 다시 부흥케 하기 위하여 2000년이 시작되면서 크리스천학교를 시작하게 하셨고 이 운동을 한국교회 제2의 부흥을 위한 신앙부흥운동이 되게 하셨다.

크리스천학교를 운영하는 교회들에게는 놀라운 역사가 일어나고 있다. 우리 자녀들이 변화되고, 교회가 부흥하는 역사가 일어나고 있다. 크리스천학교를 시작한지 1년 만에 몇 배의 성장을 이룬 교회도 있다. 크리스천학교는 사이즈가 작은 교회도 할 수 있다. 규모와 상관없다. 얼마나 하나님께 헌신되어져 있고, 그 중요성을 깨닫고 있는가가 우선이다. 한국교회에서 크리스천학교운동은 이제 이 시대에 주신 하나님의 부흥운동이다. 신앙부흥운동이며, 교회부흥운동이다. 그리고 나아가 가정회복운동이다. 크리스천학교를 통해 가정과 교회가 함께 변화되고, 회복된다. 이것이 크리스천학교운동이다. 학교 없는 교회 즉 교육 없는 교회, 교육사역이 중단된 교회는 주님이 주신 교회의 중요한 역할과 책무를 잊고 있는 교회이다. 교회에서 교육사역은 매우 중요한 사역이다. 예수님의 공생애에 있어서도 교육 사역이 대부분을 차지했다. 그 만큼 교육사역이 중요하다.

많은 분들이 한국교회의 성장정체의 원인을 두고 이런저런 원인을 분석했다. 그 원인 중에 가장 중요한 것이 우리 자녀들을 세상에 빼앗긴 것으로 그 원인을 찾았다. 미안한 이야기지만 경제논리에 의해 어린이선교원을 포기한 교회들이 대다수다. 교회는 최소한 어린이선교원은 반드시 운영해야 한다. 이 사역을 포기한 후부터 한국교회는 정체가 시작되었다. 우리가 포기하고 중단한 교육사역을 지금은 다른 종교에서 다 가져가고 있다. 그들은 이 사역이 얼마나 중요한지 알기 시작했다. 그래서 이제는 한국교회가 버린 이 교육사역을 그들이 주워가고 있다. 교회가 크리스천학교(어린이집, 유치원운영 포함)를 포기하고, 교육사역을 포기하면 교회가 아니다. 예수님 사역의 대다수가 교육사역 이었음을 다시 상기해야 한다.

예수님께서 부활하시고 하늘에 오르실 때 마지막 부탁

도 "내가 분부한 모든 것을 가르쳐 지키게 하고 제자를 삼으라"(마8:19~20)는 당부의 말씀이셨다. 교회에서 교육사역(크리스천학교)이 없다면 이는 진정한 교회가 아니다. 그런데 교육사역이 어찌 일주일에 1시간으로 가능하겠는가? 그것으로 어찌 온전한 예수님의 제자를 만들 수 있겠는가? 이제는 우리 자녀들을 변화시켜야 한다. 예수님의 온전한 제자로 삼아야 한다. 그러지 않고는 한국교회의 미래가 없다. 크리스천운동은 교회마다 크리스천학교를 설립해야 한다는 운동이다. 유치원뿐만 아니라 초등학교, 중학교, 고등학교, 대학교에 이르기까지 공교육학교가 아닌 크리스천학교를 통해 이 땅을 변화시키자는 신앙개혁운동이다. 신앙부흥운동이다. 교회부흥운동이다. 크리스천학교는 교회의 부흥과 성장을 가져온다. 또한 온전한 크리스천 리더를 만들어낸다.

하나님께서는 이 시대에 크리스천학교운동을 택하셨다. 경건주의운동, 청교도운동, 복음주의운동, 성령운동이 유럽과 미국교회를 변화시키고 새롭게 했다면 이제 하나님께서는 크리스천학교운동을 통해 한국과 아시아를 변화시키고 교회를 새롭게 하시기를 원하신다. 이 시대를 향하신 하나님의 부흥운동이 크리스천학교운동이다.